U0674634

医养结合
理论与沈阳实践

主 编 徐卫华

中国中医药出版社

·北 京·

图书在版编目（CIP）数据

医养结合理论与沈阳实践 / 徐卫华主编. —北京：中国中医药
出版社，2020.11
ISBN 978-7-5132-6395-5

Ⅰ.①医… Ⅱ.①徐… Ⅲ.①养老－社会服务－沈阳－文
集 Ⅳ.① D669.6-53

中国版本图书馆 CIP 数据核字（2019）第 158813 号

中国中医药出版社出版
北京经济技术开发区科创十三街 31 号院二区 8 号楼
邮政编码 100176
传真 010-64405750
三河市同力彩印有限公司印刷
各地新华书店经销

开本 880×1230 1/32 印张 5.25 字数 130 千字
2020 年 11 月第 1 版 2020 年 11 月第 1 次印刷
书号 ISBN 978－7－5132－6395-5

定价 52.00 元
网址 www.cptcm.com

社 长 热 线 010-64405720
购 书 热 线 010-89535836
维 权 打 假 010-64405753

微信服务号 zgzyycbs
微商城网址 https://kdt.im/LIdUGr
官 方 微 博 http://e.weibo.com/cptcm
天猫旗舰店网址 https://zgzyycbs.tmall.com

如有印装质量问题请与本社出版部联系（010-64405510）

《医养结合理论与沈阳实践》
编委会

范序 ||

习近平总书记在十九大报告中指出："积极应对人口老龄化，构建养老、孝老、敬老政策体系和社会环境，推进医养结合，加快老龄事业和产业发展。"

医养结合是积极应对人口老龄化的重要举措。医养结合是一场变革，是老年服务领域的一次重大改革，是老年服务领域的供给侧改革。

自2013年国家提出医养结合概念至今，已经有7个年头了。近年来，全国各地积极探索推进医养结合工作，取得了很大成绩。2016年，国家在全国90个城市开展医养结合试点工作，沈阳市紧紧抓住第一批国家级医养结合试点城市的契机，探索出可复制、可推广的模式——医养结合沈阳样本，为全国深入推进医养结合提供了可参考借鉴的经验。

"医养结合沈阳样本"获得国家卫生健康委的认可，并作为典型多次在全国医养结合会议和论坛上做经验交流。《健康报》分别于2019年1月22日和2019年5月13日对沈阳市卫生健康委建机制、搭平台、育人才，打造"医养结合沈阳样本"，以及沈阳市安宁医院失能失智老年人整合照护的"安宁模式"进行了报道。国家卫生健康委与世界卫生组织联合开展的"2018—2019双年度医养结合在中国的最佳实践评选"将沈阳市、沈阳市安宁医院及沈阳市和平区北市社区卫生服务中心经验列为入选项目。辽宁中置盛京老年病医院医养结合"院中院"模式，充分发挥老年医学、老年医疗照护在医养结合中的核心作用，是中国老年医学学会认可和推广的一种医养结合模式。特别是2020年抗击新冠肺炎疫情期间，"医养结合沈阳样本"在老年人医疗照护等方面充分体现了优势。本书选取了17个实践案例，对"医养结合沈阳样本"做了详细介绍。

本书集中、系统地展现了我国医养结合的前沿视角，全面、直观地介绍了沈阳医养结合体系建设、理论探索和实践做法，既是深入的理论教程，也是生动的实战读本。本书的出版是中国老年医学学会推进医养结合教育培训"教材标准化、教学规范化、教育同质化"的新成果。同时，也为广大医养结合工作者抛砖引玉。希望沈阳市继续以创建全国医养结合试点城市、安宁疗护试点城市为契机，进一步优化供给、提升能力、创新举措，满足老年人多层次、多样化的健康养老服务需求，也希望徐卫华同志带领其团队探索出更多因地制宜、特色突出的医养结合服务模式，为老年人提供治疗期住院、康复期护理、稳定期生活照料以及临终关怀一体化的优质医养结合服务，为推进我国医养结合发展提供更多的成功经验。

解放军总医院国家老年疾病临床医学研究中心主任
中国老年医学学会会长

2020年10月30日

赵序 ▊▊

　　人口老龄化是当今世界性问题，也是当前最为突出的社会问题之一，更是落实健康中国战略的重要问题。2019年底，全国60周岁及以上人口达2.54亿，占全国总人口的18.1%。其中，65周岁及以上人口1.76亿，占全国总人口的12.6%。2018年底，辽宁省60周岁及以上人口达到1044.6万，占全省总人口的23.96%。其中，65周岁及以上人口661.3万，占全省总人口的15.7%，为全国最高，辽宁已进入深度老龄化社会。目前，全国进入深度老龄化社会的省（市）有6个，包括辽宁省、上海市、山东省、四川省、重庆市、江苏省，65周岁及以上老年人口占比均超过14%。从辽宁到全国，老龄化程度越来越高，对医养结合的需求呈旺盛趋势。医养结合已成为一个重要民生和社会问题。

　　沈阳市政协及农工党沈阳市委会从2010年开始潜心研究"医养结合课题"，提出"因病托老"概念。相继提出的一些建议，分别在《辽宁农工》《健康报》《中国卫生》等杂志、报纸发表，引起了农工党中央及全国政协的重视，助推国家形成了"医养结合"战略。沈阳市政协及农工党沈阳市委会在中共沈阳市委的领导下，将一个课题深耕十年，做精、吃透，为沈阳市的医养结合工作提供了很多宝贵的意见和建议。农工党沈阳市委会发挥医疗卫生的界别优势，从民主党派的角度引领界别党员做贡献，从参政党的角度履职尽责、齐心协力、多措并举、合力推动，为推进医养结合作出了应有的贡献。

2019年夏，农工党沈阳市委会举办的"农工党东北内蒙古部分城市第一届工作联席会议"上，针对"深入探讨四省五市老龄化人口医养结合服务体系建设健康有序发展问题"，各位专家进行了广泛的探讨。农工党沈阳市委会主委李铁男做了《扎实推进医养结合体系建设仍需关注和破解的几个要素问题》的主旨演讲，从医养结合机构的出身、执业、收费、人员构成、招录管理、医养结合机构主管部门等问题进行了系统分析，并有针对性、建设性地提出了想法和建议。

推进医养结合深入发展，需要通过建机制、保基本、求创新、重培养等角度精准施策、狠抓落实；需要进一步明确医养结合定位，更加重视、提高医养结合服务质量；需要充分发挥政府兜底保障和市场基础配置作用，着力保障困难老年人的医养结合服务需求，推进医养结合多层次发展；需要注重统筹协调，在提高老年健康服务质量中同步推进医养结合；需要用实干精神推动医养结合事业迈上新台阶！

发展健康养老，深入推进医养结合，任务艰巨、责任重大。徐卫华同志多年来一直思考研究该前沿领域，有着丰富的理论经验和实践能力。在这本书中，他将医养结合的来龙去脉、相关政策以及有价值的经验，详细并有层次地进行了介绍，给开展医养结合的部门和机构提供可行性参考，为医养结合开辟了全新的探索平台。

医养结合是人民对美好生活的实际需要。前路漫漫、任重道远，我们要始终以"绳锯木断，水滴石穿"的精神，积跬步行千里，积小流成江海，做好医养结合的每一个环节。

沈阳市政协副主席

2020年10月30日

目录

中篇　沈阳市医养结合的具体实践

下篇　沈阳市落实医养结合的调研报告与参考文献

国家层面
医养结合的相关政策和理论

第一章 医养结合总论

第一节 医养结合的背景

一、医养结合的含义

医养结合是指通过医疗卫生和养老服务相结合，为老年人提供全面、综合、连续医养结合服务的新型老年服务模式。

从广义上讲，医养结合是养老服务体系建设的一个组成部分。一切将医疗卫生服务与养老服务相结合的老年服务供给方式，都可以视为医养结合。

从狭义上讲，医养结合（医养融合）是以医疗卫生（老年医学）为核心支撑，整合医疗、照护、人文关怀，以老年患者、失能（含失智，下同）老年人为服务重点，优先服务失独失能老年人，为有需求的老年人提供治疗期住院、康复期护理、稳定期生活照料、安宁疗护一体化的优质医养结合服务。

医养结合的目标是实现健康老龄化，让老年人舒适、安详、有尊严地度过幸福老年期。

二、人口老龄化的趋势

人口是社会经济发展的基础。国家统计局发布的人口统计数据显示：2018年底，我国60周岁及以上人口2.49亿人，占总人口的17.9%；65周岁及以上人口1.66亿人，占总人口的11.9%。按照国际惯例，60岁以上人口占总人口的10%以上，或65岁以上人口占总人口的7%以上，即为老龄化社会。

预计到2025年，我国60岁以上老年人将达到3亿，占总人口的21%，65岁以上老年人也将达到总人口的13.7%，我国将在2027年进入深度老龄化社会。而世界卫生组织预测，2033年前后中国老龄人口将达到4亿。到2050年，中国将有35%的人口超过60岁。

三、积极应对人口老龄化

党和国家非常重视人口老龄化问题。2012年底，《中华人民共和国老年人权益保障法》修订案经全国人大常委会审议通过，于2013年7月1日起正式施行。新修订的《中华人民共和国老年人权益保障法》从家庭赡养和扶养、社会保障、社会服务、社会优待、宜居环境、参与社会发展、法律责任等方面，对积极应对人口老龄化、保障老年人权益做出了全面的法律部署。2013年9月，《国务院关于加快发展养老服务业的若干意见》对养老服务业发展做出了顶层设计和全面部署。2016年3月，《国民经济和社会发展第十三个五年规划纲要》对积极应对人口老龄化首次单设一章，提出建立以人口战略、生育政策、就业制度、养老服务、社保体系、健康保障、人才培养、环境支持、社会参与等为支撑的应对体系，以促进人口均衡发展和健全养老服务体系。2016年5月，中共中央政治局就我国人口老龄化形势和对策举行第32次集体学习，提出"居家为基础，社区为依托，机构为补充，医养相结合"，着力发展养老服务业与老龄产业。2016年12月，为促进养老服务业更好更快发展，国务院办公厅印发了《关于全面放开养老服务市场提升养老服务质量的若干意见》，对进一步放开准入条件、优化市场环境、提升居家社区养老生活品质、建设优质供给体系等方面提出明确任务要求，并提出17项重点任务分工。2017年2月，国务院印发《"十三五"国家老龄事业发展和养老体系建设规划》提出了8个方面的主要任务，夯实"十三五"时期老龄事业发展和养老体系建设的制度、物质、人才、技术和社会基础。2017年十九大报告提出"推进医养结合"。2019年《国家积极应对人口老龄化中长期战略规划》提出"积极推进健康中国建设，建立和完善包括健康教育、预防保健、疾病诊治、康复护理、长期照护、安宁疗护的综合、连续的老年健康服务体系。健全以居家为基础、社区为依托、机构充分发展、医养有机结合的多层次养老服务体系，多渠道、多领域扩大适老产品和服务供给，提升产品和服务质量。"国家的一系列举措都围绕着一个核心，就是为老年人谋幸福，实现健康老龄化。

随着我国人口老龄化的快速发展，健康老龄化、健康养老被纳入国家健康发展战略。让医疗卫生进入家庭、社区和养老机构，打造医养结合服务模式，为老年人提供治疗期住院、康复期护理、稳定期生活照料、安宁疗护一体化的医养结合服务，促进慢性病全程防治管理服务同居家、社区、机构养老紧密结合，是实现健康老龄化的基本路径。

第二节　医养结合的提出

一、医养结合元年

2011年12月，国务院办公厅发布《社会养老服务体系建设规划（2011–2015年）》，首次在国家政策文件中提出鼓励在老年养护机构中内设医疗机构，在机构养老层面，重点推进供养型、养护型、医护型养老设施建设。2013年8月16日，国务院召开常务会议，研究确定深化改革加快发展养老服务业的任务措施。根据国务院常务会议精神，2013年9月6日国务院印发的《国务院关于加快发展养老服务业的若干意见》明确提出"积极推进医疗卫生与养老服务相结合""推动医养融合发展""要促进医疗卫生资源进入养老机构、社区和居民家庭""要探索医疗机构与养老机构合作新模式"等。并提出6项工作任务：一是统筹规划发展城市养老服务设施；二是大力发展居家养老服务网络；三是大力加强养老机构建设；四是切实加强农村养老服务；五是繁荣养老服务消费市场；六是积极推进医疗卫生与养老服务相结合。这是最早提出医疗卫生与养老服务相结合即医养结合的国家文件。因此，2013年被称为"医养结合元年"。

二、推动医养融合发展

《国务院关于加快发展养老服务业的若干意见》中指出：近年来，我国养老服务业快速发展，以居家为基础、社区为依托、机构为支撑的养老服务体系初步建立，老年消费市场初步形成，老龄事业发展取得显著成就。但总体上看，养老服务和产品供给不足、市场发育不健全、城乡区域发展不平衡等问题还十分突出。当前，我国已经进入人口老龄化快速发展阶段，积极应对人口老龄化，加快发展养老服务业，不断满足老年人持续增长的养老服务需求，是全面建成小康社会的一项紧迫任务。此任务有利于保障老年人权益，共享改革发展成果，有利于拉动消费、扩大就业，有利于保障和改善民生，促进社会和谐，推进经济社会持续健康发展。

文件要求推动医养融合发展。各地要促进医疗卫生资源进入养老机构、社区和居民家庭，卫生管理部门要支持有条件的养老机构设置医疗机构。医疗机构要积极支持和发展养老服务，有条件的二级以上综合医院应当开设老年病科，增加老年病床数量，做好老年慢病防治和康复护理。要探索医疗机构与养老机构合作新模式。医疗机构、社区卫生服务机构应当为老年人建立健康档案，建立社区医院与老年人家庭医疗契约服务关系，开展上门诊视、健康查体、保健咨询等服务，加快推进面向养老机构的远程医疗服务试点，为老年人就医提供优先、优惠服务。

三、健全保险机制

对于养老机构内设的医疗机构，符合城镇职工（居民）基本医疗保险和新型农村合作医疗定点条件的，可申请纳入定点范围，入住的参保老年人按规定享受相应待遇。完善医保报销制度，切实解决老年人异地就医结算问题。鼓励老年人投保健康保险、长期护理保险、意外伤害保险等人身保险产品，鼓励和引导商业保险公司开展相关业务。

第三节　医养结合的推进

一、医养结合的有关文件

在2013年国务院印发了《国务院关于加快发展养老服务业的若干意见》之后，国家又陆续发布了一系列指导性文件。如：《国务院关于促进健康服务业发展的若干意见》《关于加强养老服务标准化工作的指导意见》《关于推进城镇养老服务设施建设工作的通知》《关于规范养老机构服务收费管理促进养老服务业健康发展的指导意见》《关于鼓励民间资本参与养老服务业发展的实施意见》等。在这些指导性意见中都对发展医养结合做出相关指示。2015年11月，原国家卫生计生委牵头，会同民政部、国家发展改革委、财政部、人力资源社会保障部、原国土资源部、住房城乡建设部、全国老龄办、中医药管理局等9个部门联合制定了《关于推进医疗卫生与养老服务相结合的指导意见》。2015年11月18日，《国务院办公厅转发卫生计生委等部门关于推进医疗卫生与养老服务相结合指导意见的通知》，又称"84号文件"。

二、医养结合的重要性

"84号文件"指出，要充分认识推进医疗卫生与养老服务相结合的重要性。"我国是世界上老年人口最多的国家，老龄化速度较快。失能、部分失能老年人口大幅增加，老年人的医疗卫生服务需求和生活照料需求叠加的趋势越来越显著，健康养老服务需求日益强劲，目前有限的医疗卫生和养老服务资源以及彼此相对独立的服务体系远远不能满足老年人的需要，迫切需要为老年人提供医疗卫生与养老相结合的服务。医疗卫生与养老服务相结合，是社会各界普遍关注的重大民生问题，是积极应对人口老龄化的长久之计，是我国经济发展新常态下重要的经济增长点。加快推进医疗卫生与养老服务相结合，有利于满足人民群众日益增长的多层次、多样化健康养老服务需求，有利于扩大内需、拉动消费、增加就业，有利于推动经济持续健康发展和社会和谐稳定，对稳增长、促改革、调结构、惠民生和全面建成小康社会具有重要意义。"

三、医养结合的重点任务

"84号文件"中明确提出了医养结合的5项重点任务：

（一）建立健全医疗卫生机构与养老机构合作机制

鼓励养老机构与周边的医疗卫生机构开展多种形式的协议合作，建立健全协作机制，本着互利互惠原则，明确双方责任。医疗卫生机构为养老机构开通预约就诊绿色通道，为入住老年人提供医疗巡诊、健康管理、保健咨询、预约就诊、急诊急救、中医养生保健等服务，确保入住老年人能够得到及时有效的医疗救治。

养老机构内设的具备条件的医疗机构可作为医院（含中医医院）收治老年人的后期康复护理场所。鼓励二级以上综合医院（含中医医院，下同）与养老机构开展对口支援、合作共建。通过建设医疗养老联合体等多种方式，整合医疗、康复、养老和护理资源，为老年人提供治疗期住院、康复期护理、稳定期生活照料以及临终关怀一体化的健康和养老服务。

（二）支持养老机构开展医疗服务

养老机构可根据服务需求和自身能力，按相关规定申请开办老年病医院、康复医院、护理院、中医医院、临终关怀机构等，也可内设医务室或护理站，提高养老机构提供基本医疗服务的能力。养老机构设置的医疗机构要符合国家法律法规和卫生健康行政部门、中医药管理部门的有关规定，符合医疗机构基本标准，并按规定由相关部门实施准入和管理，依法依规开展医疗卫生服务。卫生健康行政部门和中医药管理部门要加大政策规划支持和技术指导力度。养老机构设置的医疗机构，符合条件的可按规定纳入城乡基本医疗保险定点范围。鼓励执业医师到养老机构设置的医疗机构多点执业，支持有相关专业特长的医师及专业人员在养老机构规范开展疾病预防、营养、中医调理养生等非诊疗行为的健康服务。

（三）推动医疗卫生服务延伸至社区、家庭

充分依托社区各类服务和信息网络平台，实现基层医疗卫生机构与社区养老服务机构的无缝对接。发挥卫生健康系统服务网络优势，结合基本公共卫生服务的开展为老年人建立健康档案，并为65岁以上老年人提供健康管理服务，到2020年65岁以上老年人健康管理率达到70%以上。鼓励为社区高龄、重病、失能、部分失能以及计划生育特殊家庭等行动不便或确有困难的老年人，

提供定期体检、上门巡诊、家庭病床、社区护理、健康管理等基本服务。推进基层医疗卫生机构和医务人员与社区、居家养老结合，与老年人家庭建立签约服务关系，为老年人提供连续性的健康管理服务和医疗服务。提高基层医疗卫生机构为居家老年人提供上门服务的能力，规范为居家老年人提供的医疗和护理服务项目，将符合规定的医疗费用纳入医保支付范围。

（四）鼓励社会力量兴办医养结合机构

鼓励社会力量针对老年人健康养老需求，通过市场化运作方式，举办医养结合机构以及老年康复、老年护理等专业医疗机构。在制定医疗卫生和养老相关规划时，要给社会力量举办医养结合机构留出空间。按照"非禁即入"的原则，凡符合规划条件和准入资质的，不得以任何理由加以限制。整合审批环节，明确并缩短审批时限，鼓励有条件的地方提供一站式便捷服务。通过特许经营、公建民营、民办公助等模式，支持社会力量举办非营利性医养结合机构。支持企业围绕老年人的预防保健、医疗卫生、康复护理、生活照料、精神慰藉等方面需求，积极开发安全有效的食品药品、康复辅具、日常照护、文化娱乐等老年人用品用具和服务产品。

（五）鼓励医疗卫生机构与养老服务融合发展

鼓励地方因地制宜，采取多种形式实现医疗卫生和养老服务融合发展。统筹医疗卫生与养老服务资源布局，重点加强老年病医院、康复医院、护理院、临终关怀机构建设，公立医院资源丰富的地区可积极稳妥地将部分公立医院转为康复、老年护理等接续性医疗机构。提高综合医院为老年患者服务的能力，有条件的二级以上综合医院要开设老年病科，做好老年慢性病防治和康复护理相关工作。提高基层医疗卫生机构康复、护理床位占比，鼓励其根据服务需求增设老年养护、临终关怀病床。全面落实老年医疗服务优待政策，医疗卫生机构要为老年人特别是高龄、重病、失能及部分失能老年人提供挂号、就诊、转诊、取药、收费、综合诊疗等就医便利服务。有条件的医疗卫生机构可以通过多种形式、依法依规开展养老服务。鼓励各级医疗卫生机构和医务工作志愿者定期为老年人开展义诊。充分发挥中医药（含民族医药，下同）的预防保健特色优势，大力开发中医药与养老服务相结合的系列服务产品。

四、国家级医养结合试点

《国务院办公厅转发卫生计生委等部门关于推进医疗卫生与养老服务相结合指导意见的通知》是一个标志性的文件。自此，医养结合试点从国家层面全面展开。2016年6月原国家卫生计生委、民政部《关于确定第一批国家级医养结合试点单位的通知》确定北京市东城区等50个市（区）作为第一批国家级医养结合试点单位。2016年9月原国家卫生计生委《关于确定第二批国家级医养结合试点单位的通知》确定北京市朝阳区、天津市南开区等40个市（区）作为第二批国家级医养结合试点单位。前后两批共确定90个试点市，范围覆盖全国31个省、直辖市、自治区。试点目的是探索各项指导性政策如何实施落地。

五、2019年医养结合的有关文件

经过几年的摸索，各试点城市在实践层面的探索和取得的良好成效，促使国家对医养结合未来发展进一步做出战略性规划和安排。2019年，国家密集出台了一批推进医养结合发展的政策文件。《关于做好医养结合机构审批登记工作的通知》《关于加强老年护理服务工作的通知》《关于印发医养结合机构服务指南（试行）的通知》《关于开展老年护理需求评估和规范服务工作的通知》《关于加强医疗护理员培训和规范管理工作的通知》《关于深入推进医养结合发展的若干意见》《关于建立完善老年健康服务体系的指导意见》《关于印发老年医学科建设与管理指南》《老年护理实践指南（试行）》以及《国家积极应对人口老龄化中长期战略规划》等。

第四节　对医养结合的认识

一、医养结合是重大改革

医养结合是一个全新的概念，具有明显的中国特色。实际上，在生老病死的自然规律中，"老"是人类社会一直关注的问题。面对这样一个亘古话题，医养结合是与时俱进的产物。在人们的认知中，医疗就是医疗，养老就是养老，两者是独立的服务体系。如何将两个独立的服务体系结合到一起，没有可以直接拿来的经验，全国各地都在探索。

医养结合是老年服务领域的一次重大改革，是老年服务领域的供给侧改革，未来医养结合将融入国家战略。

医养结合是医疗卫生和养老服务的资源、产品、服务等的有机结合和高效利用。医养结合是老年医疗、老年照护、人文关怀的一体化整合。

二、医养结合是刚需

医养结合是帮助老年人能够舒适、安详、有尊严地度过幸福老年期的基本保障和重要保障。提供医养结合服务的主体是医养结合机构，即同时具备医疗卫生资质和养老服务能力的机构。医养结合场景覆盖全体有需求的老年人。医养结合机构可以在居家、社区和机构为有需求的老年人提供适宜的医养结合服务。

三、医养结合模式的分类

医养结合作为一种独立的、全新的老年服务模式，可以和以往传统养老模式相结合，以不同形式提供医养结合服务。

医养结合从开办形式上可以分为"医办养""养办医""医养签约"3种形式。从服务形态上可以分为"医养融合""医养结合""医养签约"3种模式。个案采取什么形式、什么模式，基本可以归纳到以下3种模式中。

（一）医养融合模式

"医养融合模式"也可以叫"医养结合床位模式"。由一个团队提供医养结合服务，服务对象主要是老年患者及失能老年人。这类老年人的需求是刚性需求，需要提供急性期治疗、康复期长期照护、生命末期安宁疗护。服务场景是在医养结合机构的医疗床位开展医养结合服务。概括来说就是：以医终老，一（医）床到底，综合连续，全程服务。医养结合服务由一个团队提供，一人一床一团队，服务整合零距离。医养融合模式的特点是：不可切割。

（二）医养结合模式

"医养结合模式"也可以叫"院中院模式"或"嵌入式模式"。由两个团队共同提供医养结合服务，服务对象主要是老年患者及失能老年人，也为少量部分失能老年人服务。这类老年人的需求是刚性需求，需要提供急性期治疗、康复期长期照护、生命末期安宁疗护。服务场景是在同一个区域内的医疗机构和养老机构里，或是在一个院内。概括来说就是：以医为主，医养近距，综合连

13

绩，全程服务。医疗服务和养老服务由两个团队分别提供，一人二床二团队，"院中院"近距离。医养结合模式的特点是：界限清晰，分别服务。

（三）养医结合模式

"养医结合模式"也可以叫"签约模式"。两个团队分别提供医疗卫生服务和养老服务，服务对象基本上是活力老人，这类老年人的需求是弹性需求，主要是健康管理、预防保健、慢病管理、分级诊疗。服务场景是医疗机构与居家、社区、养老机构签约，利用家庭医生签约、院际签约、老年人就医绿色通道等方式提供医疗卫生服务。概括来说就是：以医助养，以养为主，养医异地，存在距离。养医结合模式的特点是：职责明晰，分别服务。

四、医疗卫生服务、养老服务和医养结合服务

医疗卫生服务和养老服务是两个相对独立完整的体系，两者之间界限清晰。医是医，养是养，医养是医养有机结合。医养结合要建设自己的服务标准、服务规范和服务体系，从而确定医养结合服务内容。医养结合服务内容要由专业的医养结合团队实现，需要培养医养结合专门人才。医疗有自身标准、规范和支付体系，养老也有自己的标准、规范和支付体系。医养结合的支付方式，最终是建立在医养结合自己的标准、规范之上的长期照护保险和其他支付方式，形成医养结合支付体系。长期照护保险的模式应该是独立设置的基本险种。

第五节　老龄工作体系

全国老龄工作委员会是老龄事业和产业发展的最高领导机构。

老龄工作体系是国家积极应对人口老龄化的顶层工作体系，是涵盖老龄事业和产业发展的总体系。包括且不仅限于：老年服务体系、养老服务体系、老年健康服务体系、医养结合服务体系、安宁疗护服务体系、医养结合标准体系、老年评估体系。

一、老年服务体系

老年服务体系是所有为老年人提供各类服务的服务系统总和，包括且不仅限于养老服务体系、老年健康服务体系、医养结合服务体系、安宁疗护服务体系、医养结合标准体系、老年评估体系。

二、养老服务体系

养老服务体系是指与经济和社会发展水平相适应，以满足老年人基本生活需求、提升老年人生活质量为目标，面向所有老年群体，提供基本生活照料、护理康复、精神关爱、紧急救援和社会参与的设施、组织、人才和技术要素形成的网络，以及配套的服务标准、运行机制和监督制度。养老服务体系概括为：居家为基础、社区为依托、机构充分发展、医养有机结合。

三、老年健康服务体系

老年健康服务体系是指以维护老年人健康权益为中心，以满足老年人健康服务需求为导向。具体包括：健康教育、预防保健、疾病诊治、康复护理、长期照护、安宁疗护6个服务系统的综合连续、覆盖城乡的服务体系。

四、医养结合服务体系

医养结合服务体系是指通过医疗资源与养老资源的整合，实现医疗服务与养老服务的有机融合，由医护人员、健康照护师、医疗护理员、养老护理员等医养结合服务人员为老年人提供的基础服务（评估服务、生活照料服务、膳食服务、清洁卫生服务、洗涤服务、文化娱乐服务）、医疗服务、中医药服务、护理服务、康复服务、辅助服务、心理精神支持服务、失智老年人服务等的服务系统，是老年健康服务体系与养老服务体系的交集。

五、安宁疗护服务体系

安宁疗护服务体系是为生命终末期患者提供身体、心理、精神等方面的医疗照护和人文关怀等服务，是减轻痛苦，减缓症状，提高生命质量的服务系统。

六、医养结合标准体系

医养结合标准体系（GECP），是为开展医养结合所制定的标准、规范的总和。医养结合各种标准按其内在联系形成的科学有机整体，具有目的性、层次性、协调性、配套性、比例性、动态性。医养结合标准体系又称为医养结合"GECP"标准体系。

七、老年评估体系

老年评估体系是老龄工作的基础服务体系，包括老年人能力评估、老年人认知功能评估、老年人运动能力评估、老年人心理健康评估、老年人社会环境状况评估、老年人综合评估等评估系统。

第二章　医养结合机构

第一节　医养结合机构的概念

一、医养结合机构概念的提出

早在《国务院办公厅转发卫生计生委等部门关于推进医疗卫生与养老服务相结合指导意见的通知》中，医养结合机构这个名词就已经出现了。文件列出医养结合5项重点工作任务，其中第4项任务"鼓励社会力量兴办医养结合机构"，首次出现"医养结合机构"的提法。要求各地"鼓励社会力量针对老年人健康养老需求，通过市场化运作方式，举办医养结合机构以及老年康复、老年护理等专业医疗机构。通过特许经营、公建民营、民办公助等模式，支持社会力量举办非营利性医养结合机构。""医养结合机构"在这一段中出现了多次。但是并没有看到医养结合机构的概念。

二、医养结合机构概念的确立

直到2019年5月，国家卫生健康委办公厅、民政部办公厅、市场监管总局办公厅、国家中医药管理局办公室《关于做好医养结合机构审批登记工作的通知》中，正式给出"医养结合机构"的概念，即"医养结合机构是指同时具备医疗卫生资质和养老服务能力的医疗卫生机构或养老机构"。

第二节　医养结合机构的设立

一、养老机构设立医疗机构

养老机构申请内部设置诊所、卫生所(室)、医务室、护理站的，根据原国家卫生计生委办公厅《关于养老机构内部设置医疗机构取消行政审批实行备案管理的通知》要求，取消行政审批，实行备案管理。申办人应当向所在地的县级卫生健康行政部门备案。

养老机构申请举办二级及以下医疗机构(不含急救中心、急救站、临床检验中心、中外合资合作医疗机构、港澳台独资医疗机构)，依据国家卫生健康委、国家中医药管理局《关于进一步改革完善医疗机构、医师审批工作的通知》规定，设置审批与执业登记"两证合一"，卫生健康行政部门不再核发"设置医疗机构批准书"，在受理医疗机构执业登记申请后，经公示、审核合格后发放"医疗机构执业许可证"。

养老机构申请设立三级医疗机构的，应当向所在省级或地市级卫生健康行政部门提交申请，卫生健康行政部门依法核发"设置医疗机构批准书"。申办人收到"设置医疗机构批准书"后，申请医疗机构执业登记并提交相关材料。卫生健康行政部门审核合格后，发放"医疗机构执业许可证"。

养老机构设置医疗机构，属于社会办医范畴的，可按规定享受相关扶持政策，卫生健康及相关部门应当及时足额拨付补助，兑现有关政策。按照有关法律法规，营利性医疗机构应当到市场监管部门进行登记注册，社会力量举办非营利性医疗机构应当到民政部门进行社会服务机构登记。

二、医疗机构设立养老机构

各级民政部门不再实施养老机构设立许可。具备法人资格的医疗机构申请设立养老机构的，不需另行设立新的法人，不需另行法人登记。

社会力量举办的非营利性医疗机构申请设立养老机构的，应当依法向县级以上民政部门备案，应当依法向其登记的县级以上民政部门办理章程核准、修改业务范围，并根据修改后的章程在登记证书的业务范围内增加"养老服务"等职能表述。

社会力量举办的营利性医疗机构申请内部设置养老机构的，应当依法向县级以上民政部门备案，应当依法向其登记的县级以上市场监管部门申请变更登记，在经营范围内增加"养老服务"等表述。

公立医疗机构申请设立养老机构的，应当依法向县级以上民政部门备案，应当依法向各级编办提出主要职责调整和变更登记申请，在事业单位主要职责及法人证书"宗旨和业务范围"中增加"养老服务、培训"等职能。

医疗机构设立养老机构符合条件的，享受养老机构相关建设补贴、运营补贴和其他养老服务扶持政策措施，民政及相关部门应当及时足额拨付补助，兑现有关政策。

三、新建医养结合机构

对于申办人提出申请新举办医养结合机构的，即同时提出申请举办医疗机构和养老机构，需根据医疗卫生机构和养老机构的类型、性质、规模向卫生健康、民政或市场监督管理部门提交申请。涉及同层级相关行政部门的，当地政务服务机构应当实行"一个窗口"办理，实现"前台综合受理、后台分类审批、综合窗口出件"。未设立政务服务机构的，由当地卫生健康行政部门会同有关部门建立联合办理工作机制和操作流程，优化医养结合机构市场准入环境。各省（区、市）卫生健康行政部门应当商有关部门制订统一的筹建指导书，为医养结合机构申办人提供咨询和指导，方便申办人到相关部门办理行政许可或登记备案手续。各相关部门要加强工作配合，提高信息共享水平，让申办人"只进一扇门，最多跑一次"。

第三节　医养结合床位

一、医养结合床位的含义

医养结合床位是指在医养结合机构中由卫生健康部门核定的具有医疗功能，为失能、部分失老年人提供医养结合服务的床位。

医养结合床位是沈阳市医养结合办公室的创新，功能上实现"病时医疗，平时照护"。入住失能、有病不能自理的老年人。入住老年人在一张床上就能实现医疗和照护转换。即老年人一旦需要住院治病，在医养结合床上就能实现由"被照护者"到"患者"身份的转换，可直接用医保卡就医。病情稳定后随即再转为照护床位，顺利实现医养服务多功能转换。

二、医养结合床位的标准

（一）二级以上医疗机构医养结合床位设置标准

1.**床位设置**。设置床位数应根据当地实际需求和资金情况，兼顾发展，床位总数应在10张以上。

2.**科室设置**。①在医院老年学科体系建设内，增加独立的医养结合病区（科）。医养结合病区（科）应当设置门诊、病房、综合评估室、临终关怀病房。②医技和相关职能科室，设置医养结合病区（科）的综合医院应当具备与老年医学科相关的科室设置，包括重症医学科、医学心理科（室）、营养科、麻醉科、外科、内科、妇科、肿瘤科、中医科、康复科（室）、药剂科、检验科、医学影像科、输血科（室）等。

3.**人员配备**。①医师。经卫生健康行政部门注册，取得临床专业执业资格，并经过老年医学相关培训，从事老年医学专业医疗服务的医疗人员。②护士。经卫生健康行政管理部门注册的医疗护理人员。③老年健康照护师。经医养结合人才培训中心培训，并获得老年健康照护师资格证书的老年照护人员。④配备结构。每张医养结合床应当配备老年医学科医师≥0.3名（每增加10张床位，增加1名医师），配备老年医学科护士≥0.3名（每增加10名床位，增加1名护师），老年照护师≥0.1名。医师配备应当确保三级查房制度。鼓励有条件的医院配备康复治疗师、营养师、心理治疗师、临床药师等人员。⑤配备要求。三级综合医院（含中医院、精神卫生专科医院）医养结合病区（科）主任应当由具有副高级以上专业技术资格，且有老年医学科连续工作1年以上经历的医师担任。二级综合医院（含中医、精神卫生专科医院）医养结合病区（科）主任应当由具备中级以上专业技术资格的医师担任。专科医院医养结合病区（科）主任应当由具备中级以上专业技术资格的医师（全科医师）担任。⑥医院。医院应当确保医养结合病区（科）可持续发展，从业人员梯队完整，结构合理，岗位责任分工明确，团队协作特征鲜明，服务流程科学，医疗质量规范，信息资料保存完整。

4.**建筑要求**。①整体设计应当符合无障碍设计规范（GB50763）要求。②病房每床净使用面积≥5㎡，每床间距≥1m。每个病室以2~4人为宜。两人以上房间应设置隔帘，每床间应当设有帷幕或隔帘，以利于保护患者隐私。每床应配备床旁柜和呼叫装置，并配备床挡和调节高度的装置。③每个病房应当设置衣物储藏的空间，并设卫生间（面积宜≥4㎡），卫生间应当满足易清洗、不渗水、防滑和配扶手的要求。走廊两侧应设扶手，房门方便轮椅进出。④设有室内、室外活动等区域。患者活动区域和走廊两侧应当设扶手，房门应当方便轮椅、平车进出；功能检查用房、理疗用房应当设无障碍通道。⑤在病室内设置洗浴设备和空间，配备扶手、紧急呼叫装置、防滑倒等安全防护措施。⑥关怀室（告别室）可根据情况调换房间，不必在某一固定病室。

5.设备配置。①基本设备。轮椅、转运床（或医用平车）、站立及行走辅助器、坐式体重计；报警系统、供氧装置、负压吸引装置、输液泵、注射泵等。②抢救设备。气管插管设备、简易呼吸器、心电监护仪、心脏除颤仪等，以及其他与开展老年医学科诊疗业务相应的设备。鼓励有条件的医院设置辅助洗浴设备、电动护理床、自主转运装置等。③康复治疗专业设备。至少配备与收治对象康复需求相适应的运动治疗、物理治疗和作业治疗设备。④信息化设备。在住院部、信息科等部门配置自动化办公设备，保证医养结合床位信息的统计和上报。⑤病房每床单元基本装备。应当符合本级综合医院标准。⑥其他。应当有与开展的诊疗业务相应的其他设备。

（二）基层医养结合床位设置标准

1.床位设置。基层医养结合机构医养结合床位数可根据实际情况确定，一般应设置20张以上。

2.科室设置。①临床科室。至少设内科、康复医学科、临终关怀科。各临床科室应当根据收治对象疾病和自理能力等实际情况，划分若干病区。病区包括病室、护士站、治疗室、处置室，必要时设康复治疗室。临终关怀科应增设家属陪伴室。②医技科室：至少设药剂科、检验科、放射科、营养科、消毒供应室。③职能科室：至少设医疗质量管理部门、护理部、医院感染管理部门、器械科、病案（统计）室、信息科。

3. 人员配备。①医师。经卫生健康行政部门注册，取得临床专业执业资格，并经过老年医学相关培训，从事老年医学专业医疗服务的医疗人员。②护士。经卫生健康行政管理部门注册的医疗护理人员。③老年健康照护师。经医养结合人才培训中心培训，并获得老年健康照护师资格证书的老年照护人员。④配备结构。每张医养结合床应当配备老年医学科医师（或全科医师）≥0.15名，配备护士≥0.2名，老年照护师≥0.3名。医师配置应当确保三级查房制度。鼓励有条件的医院配备康复治疗师、营养师、心理治疗师、临床药师等人员。⑤配备要求。基层医养结合病区（科）主任应当由具备中级以上专业技术资格的医师（全科医师）担任。⑥医院。医院应当确保医养结合病区（科）可持续发展，从业人员梯队完整结构合理，岗位责任分工明确，团队协作特征鲜明，服务流程科学，医疗质量规范，信息资料保存完整。

4. 建筑要求。①整体设计应当符合无障碍设计规范（GB50763）要求。②病房每床净使用面积≥5 ㎡，每床间距≥1m。每个病室以2~4人为宜。两人以上房间应设置隔帘，每床间应当设有帷幕或隔帘，以利于保护患者隐私。每床应配备床旁柜和呼叫装置，并配备床挡和调节高度的装置。③每个病房应当设置衣物储藏空间，并设卫生间（面积宜≥4 ㎡），卫生间应当满足易清洗、不渗水、防滑和配扶手的要求。走廊两侧应设扶手，房门方便轮椅进出。④设有室内室外活动等区域。患者活动区域和走廊两侧应当设扶手，房门应当方便轮椅、平车进出；功能检查用房、理疗用房应当设无障碍通道。⑤在病室内设置洗浴设备和空间，配扶手、紧急呼叫装置、防滑倒等安全防护措施。⑥关怀室（告别室）可根据情况调换房间，不必在某一个固定病室。

5.设备配备。①基本设备。至少配备呼叫装置、给氧装置、呼吸机、电动吸引器或吸痰装置、气垫床或具有防治压疮功能的床垫、治疗车、晨晚间护理车、病历车、药品柜、心电图机、X光机、B超、血尿分析仪、生化分析仪、恒温箱、消毒供应设备、电冰箱、洗衣机、常水热水净化过滤系统。②急救设备。至少配备心脏除颤仪、心电监护仪、气管插管设备、呼吸器、供氧设备、抢救车。③康复治疗专业设备。至少配备与收治对象康复需求相适应的运动治疗、物理治疗和作业治疗设备。④信息化设备。在住院部、信息科等部门配置自动化办公设备，保证医养结合床位信息的统计和上报。⑤病房每床单元基本装备。应当与二级综合医院相同，病床应当设有床挡。⑥其他设备。临床检验、消毒供应等设备，可与其他合法机构签订相关服务合同，由其他机构提供服务，这类设备可不配备。

第三章 医养结合服务

第一节 医养结合服务的基本要求

一、医养结合服务的概念

医养结合服务是指通过医疗资源与养老资源的整合和高效利用，实现医疗服务与养老服务的有机融合。由医护人员、健康照护师、医疗护理员、养老护理员等医养结合服务人员为老年人提供的老年健康服务、照护服务和人文关怀服务。其内容包括但不限于：基础服务（评估服务、生活照料服务、膳食服务、清洁卫生服务、洗涤服务、文化娱乐服务）、医疗服务、中医药服务、护理服务、康复服务、辅助服务、心理精神支持服务、失智老年人服务等。

二、医养结合服务的场所要求

国家和地方法律法规许可开展医养结合服务的居家、社区、养老机构、医养结合机构等场所。

三、医养结合服务人员的资质要求

医护人员应当持有相关部门颁发的执业资格证书，并符合国家相关规定和行业规范对执业资质和条件的要求。

老年健康照护人员如医疗护理员、老年健康照护师、养老护理员等应当经相关培训合格后上岗。

根据服务需要的康复治疗师、公共营养师、心理咨询师、社会工作者等相关人员应当持有相关部门颁发的资格证书。

餐饮工作人员应当持有健康证。

第二节　医养结合基础服务

一、健康教育服务

医养结合机构应当开展健康教育和健康知识普及服务。可制作和发放健康教育宣传资料，如健康教育折页、健康教育处方和健康手册等。其内容包括但不限于合理膳食、控制体重、适当运动、心理平衡、改善睡眠、戒烟限酒、科学就医、合理用药等健康生活方式及可干预危险因素的健康教育。

在老年人公共活动区域设置健康教育宣传栏，并根据季节变化、疾病流行情况、老年人需求等及时更新。

定期或不定期举办老年人健康知识讲座及增进健康座谈会和经验交流会，引导老年人学习健康知识，掌握疾病预防的措施及必要的健康技能。

二、评估服务

明确的评估制度与流程包括3部分：

1.**人员**。评估团队须由经过培训的医生、护士、治疗师、照护人员、护工等共同参与。

2.**内容**。包括但不限于生活自理能力、精神状况、感知觉与沟通、社会参与功能等内容。

3.**要求**。至少要有入住评估、出院评估、病情变化评估、阶段评估，并根据结果进行分别服务。

三、生活服务

生活照料服务、膳食服务、清洁卫生服务、洗涤服务和文化娱乐服务等。执行《养老机构基本规范》（GB/T 29353）、《养老机构服务质量基本规范》（GB/T 35796）、《养老机构等级划分与评定》（GB/T 37276）、《养老机构安全管理》（MZ/T 032）等标准规范。

四、定期巡诊服务

根据老年人健康需求，安排医师定期到老年人居住的房间巡诊并做好记录。医师在巡诊过程中应当记录老年人血压、心率等身体状况，及时发现老年人的病情变化。在巡诊过程中，可为有需要的老年人提供健康指导服务。

第三节　医养结合医疗服务

一、常见病、多发病诊疗服务

在诊疗前要详细询问老年人的病史、查看健康档案和老年人能力评估结论，并进行仔细的身体检查。在诊疗过程中，要进行必要的体检和辅助检查。

应当评估老年人病情、过敏史、用药史、不良反应史。

给药前应当核对处方和药品，按照卫生健康行政部门的相关规定协助老年人用药，以免误服、漏服。

有条件的机构可开展远程医疗服务，以辅助诊断与治疗。参考已发布的临床路径和有关诊疗指南为老年人提供常见病、多发病诊疗服务。

二、急诊救护服务

有条件的机构应当安排医护人员24小时值班，及时提供急诊救护服务。

针对无能力处理的急危重症疾病，遵循就近转诊原则，立即呼叫120或电话通知上级医院派救护车接老年患者到医院抢救，并通知其家属。在救护车到达之前，现场医护人员可根据老年患者病情进行必要的处理措施，如心肺复苏、清理呼吸道和面罩给氧等。

三、危重症转诊服务

医养结合机构可与周边综合医院、中医医院建立签约合作关系，开设转诊绿色通道，明确服务流程，确保实现及时有效转诊。

医养结合机构若在诊疗过程中遇到无法解决的技术问题，或老年患者的病情超出了医养结合机构的专业范围或医疗水平，应当征求家属同意后，为老年患者提供及时有效的转诊服务。

可安排专门的医护人员或熟悉老年患者情况的老年健康照护人员跟随转诊或与转诊医院对接，及时了解老年患者病情。

四、安宁疗护服务

医护人员主要为老年患者提供疼痛及其他症状控制、舒适照护、心理、精神及社会支持等人文关怀服务，应当参照《安宁疗护实践指南（试行）》内容执行。

医护人员主要为需要安宁疗护的老年患者控制疼痛、呼吸困难、咳嗽、咯血、呕吐、便血、腹胀、水肿、发热、厌食、口干、失眠等症状。药物治疗后注意观察药物疗效和不良反应，如有异常情况发生，及时处理。

可根据老年患者的需求，帮助老年患者应对情绪反应、寻求社会支持，为老年患者提供死亡教育等心理支持和人文关怀服务。应当尊重老年患者的价值观与信仰，保护老年患者的隐私与权利。

五、健康管理服务

入住医养结合机构的老年人应全部建立健康档案，已有健康档案的老年人，可组织办理好转移接续手续，不必重复建立。有条件的机构可建立电子健康档案。健康档案应按照《国家基本公共卫生服务规范（第三版）》要求建立，可根据各机构不同条件适当增加内容，保证内容准确、信息完整，并及时更新健康档案内容。工作人员应建立老年人就诊、会诊、转诊等接受医疗服务的记录，并放入健康档案中。健康档案应当随着老年人身体健康状况变化及时更新。

医养结合机构可每年自行提供或安排其他医疗机构提供至少1次老年人体检服务，并根据老年人需求，提供个性化体检服务。体检结果应当及时反馈老年人及其家属，并将结果与医护人员、老年健康照护人员沟通，以便为老年人提供合适的服务。

针对老年人的健康状况以及老年人的个性化需求提供养生保健、疾病预防、营养、心理健康等健康服务。

六、中医药诊疗服务

充分利用中医药技术方法，为老年人提供常见病、多发病、慢性病的中医诊疗服务。

为老年人提供中医健康状态辨识与评估、咨询指导、健康管理等服务，使用按摩、刮痧、拔罐、艾灸、熏洗等中医适宜技术及以中医理论为指导的个性化起居养生、膳食调养、情志调养、传统体育运动等进行健康干预。

为老年人提供具有中医特色的康复服务，并和现代康复技术相融合。医养结合机构提供的中药煎煮服务应符合《医疗机构中药煎药室管理规范》要求。

第四节 医养结合康复照护服务

一、护理服务

为老年人提供的护理服务参照《老年护理实践指南（试行）》执行。

应当遵循查对制度，符合标准预防的安全原则，部分服务还应当符合消毒隔离、无菌技术的原则，遵医嘱为老年人提供护理服务。

二、康复服务

康复人员需按照《常用康复治疗技术操作规范（2012年版）》相关要求为老年人提供康复服务。

（一）物理治疗

物理治疗包括但不限于：运动治疗、物理因子治疗等。康复人员在实施物理治疗前，需要通过身体形态评定、肌力评定、感觉评定、协调评定、心血管评定等评估老年人身体功能，并制定康复治疗方案。

康复人员可采用徒手训练和器械训练等运动治疗技术，以维持和恢复因组织黏连和肌肉痉挛等多因素引发的老年人关节功能障碍。

康复人员可采用电疗法、光疗法、磁疗法、超声波疗法、冷疗法、热疗法、压力疗法等物理因子治疗技术预防和治疗疾病。

（二）作业治疗

作业治疗包括但不限于：自助具适配、助行器使用、轮椅选择与使用、矫形器制作与使用等。

康复人员在实施作业治疗前，需要通过日常生活活动评定、手功能评定、知觉功能评定、认知功能评定等评估老年人作业功能障碍情况，并制定康复治疗方案。

康复人员可通过日常生活活动训练、娱乐与休闲活动训练、手功能训练、知觉功能训练等提高老年人生活和劳动能力。

康复人员需要指导和协助老年人正确使用拐杖、步行器、支架、轮椅等助行器具。

依据专项评估，为有需要的老年人提供包括但不限于：物理治疗、作业治疗、指导正确使用辅具（包括拐杖、步行器、支架、轮椅等）等服务。

三、辅助服务

辅助服务内容包括但不限于：观察老年人日常生活情况变化、协助或指导老年人使用辅助器具、化验标本的收集送检、陪同老年人就医并协助老年人完成医疗护理辅助工作等。

老年健康照护人员若发现老年人日常生活情况变化，应当及时通知医护人员。

老年健康照护人员应当遵医嘱协助完成化验标本的收集与送检，及时取出检验结果报告并递交给医护人员。

陪同就医过程中应当注意老年人安全，并及时向监护人反馈就诊情况。就医完成后及时将用药药量、方式、频率等医嘱内容告知老年人或监护人，并与其他老年健康照护人员完成工作交接。

四、心理精神支持服务

心理精神支持服务包括但不限于环境适应、情绪疏导、心理支持、危机干预、情志调节等。

应由心理咨询师、社会工作者、医护人员或经过心理学相关培训的医疗护理员、老年健康照护人员承担。

应配备心理或精神支持服务必要的环境、设施与设备。

应帮助刚入住机构的老年人熟悉机构环境，融入集体生活。

应了解掌握老年人心理和精神状况，发现异常及时与老年人沟通，并告知第三方。必要时请医护人员、社会工作者等专业人员协助处理或转至专业医疗机构。

有条件的机构可定期组织志愿者为老年人提供服务，促进老年人与外界社会接触交往；倡导老年人参与力所能及的志愿活动。

应协调督促相关第三方定期探访老年人，与老年人保持联系。

第五节　失智老年人的医养结合服务

一、提供综合服务

为有需求的失智老年人提供基本服务、医疗服务、中医药服务、护理服务、康复服务、辅助服务、心理精神支持服务等，可参考上述服务内容与要求。

二、提供安全防护保障

对于有失智老年人入住的机构，应当为失智老年人做好安全防护措施。安全防护保障包括但不限于通过色彩、声音、光线、主题装饰等区分各功能区域，房间入口可用老年人熟悉的物品作为具体标识；提供被有效限制的安全徘徊路径，以老年人喜爱或熟悉的色彩、声音、主题装饰等做道路指引；服务场所应当配置门禁系统或电子定位设备等智能化设施设备，公共区域设置电子监控，有条件的机构可提供防走失手环等设备，防止老年人走失；遮蔽会给失智老年人带来危险的出入口，窗和大片玻璃应当有防撞提示或遮挡物，防止老年人误入或误撞；对失智老年人自带的食品、药品、物品进行监管，隔离危险物品如尖锐用品、有毒物品、洗涤用品、易燃易爆物品、电器，以防老年人受到伤害；对出现伤人、自伤或毁物的失智老年人采取保护性约束，记录起止时间、原因以及失智老；人身心状况，根据情况及时解除保护性约束。

三、制定认知功能康复计划

有条件的机构应当为失智老年人提供认知康复服务，依据其认知程度、身体机能、兴趣爱好，制定可达成的认知功能康复计划，包括但不限于开展记忆力、定向力、注意力、计算力、执行力、语言功能等训练；开展进食、修饰、清洁、如厕等日常生活活动能力训练；开展有利于认知功能改善的运动感觉训练。应动态观察失智老年人情绪或心理的变化并了解根源，及时交流沟通，多使用指令性及鼓励性语言，适当给予解释、安慰。对有情绪和心理问题的失智老年人，必要时应当请专业人员协助处理或转至专业医疗机构进行情绪疏导、心理咨询及危机干预。应正确认识失智老年人的精神行为症状，给予其包容与尊重，消除易触发行为问题的不当交流和护理方法。

第六节 医养结合服务的工作机制与质量控制

一、工作机制

（一）危机处理机制

医养结合服务体系要建立健全应对常态危机和突发危机的应急体系和工作机制，明确相应部门职责，建设应急防范队伍，及早报告并处理突发事件。

提供医养结合服务时，操作过程应当遵循各项标准、规范、指南及相关卫生健康标准，保障服务安全。

（二）联动工作机制

人员联动：应当建立医护人员、医疗护理员、老年健康照护人员、管理人员及相关协助人员联动工作机制。有条件的机构建议增设协调员岗位。

信息化联动：建立医养结合信息化管理系统。有条件的机构还可以建立预约诊疗系统、分级诊疗系统、远程医疗系统等互联共享老年人健康信息，实现老年人健康资料的信息化管理。

（三）感染控制机制

根据《医院感染管理办法》的要求，加强服务流程内的感染的预防与控制工作。工作人员手卫生应符合WS/T 313要求。老年人的衣物应当分类清洗，被血液、体液、排泄物、分泌物污染及患有传染病老年人的衣物应封闭运输、单独清洗、消毒。开展中医医疗技术应当符合《中医医疗技术相关性感染预防与控制指南（试行）》的要求。医疗废物按医疗废物处理规定处理。

二、服务质量控制

（一）服务质量控制的内容及要求

制定服务质量评估体系，包括但不限于医疗服务质控、老年护理服务质量评定、老年人生活照护服务质量评定、心理/精神支持服务质量评定、健康管理服务质量评定、环境卫生服务质量评定、文娱服务质量评定等。各项表格样表由医养结合质量管理部门制发。

（二）质控人员工作内容及要求

设置相关质控人员负责不同的质控内容，完成日常质控，并配合主管部门或第三方进行例行质控检查工作。

第四章　医养结合人才

第一节　加强医养结合人才队伍建设

一、完善和落实医养结合服务队伍政策

2015年《国务院办公厅转发卫生计生委等部门关于推进医疗卫生与养老服务相结合指导意见的通知》第十一部分提出，"加强人才队伍建设。做好职称评定、专业技术培训和继续医学教育等方面的制度衔接，对养老机构和医疗卫生机构中的医务人员同等对待。完善薪酬、职称评定等激励机制，鼓励医护人员到医养结合机构执业。建立医疗卫生机构与医养结合机构人员进修轮训机制，促进人才有序流动。将老年医学、康复、护理人才作为急需紧缺人才纳入卫生计生人员培训规划。加强专业技能培训，大力推进养老护理员等职业技能鉴定工作。支持高等院校和中等职业学校增设相关专业课程，加快培养老年医学、康复、护理、营养、心理和社会工作等方面专业人才。"

二、努力扩大医养结合服务队伍

2019年《关于深入推进医养结合发展的若干意见》进一步强调扩大医养结合服务队伍。指出："将医养结合人才队伍建设分别纳入卫生健康和养老服务发展规划。鼓励引导普通高校、职业院校（含技工院校）增设相关专业和课程，加强老年医学、康复、护理、健康管理、社工、老年服务与管理等专业人才培养，扩大

相关专业招生规模。统筹现有资源，设立一批医养结合培训基地，探索普通高校、职业院校、科研机构、行业学会协会与医养结合机构协同培养培训模式。各地要制定培训计划，分级分类对相关专业技术人员及服务人员进行专业技能培训和安全常识培训，医养结合机构要优先招聘培训合格的医疗护理员和养老护理员"。

《意见》同时指出：要"充分发挥社会公益组织作用，加大对助老志愿服务项目和组织的培育和支持力度，鼓励志愿服务组织与医养结合机构结对开展服务，通过开展志愿服务给予老年人更多关爱照顾。鼓励医疗机构、养老机构及其他专业机构为老年人家庭成员及家政服务等从业人员提供照护和应急救护培训"。

三、大力支持医务人员从事医养结合服务

《关于深入推进医养结合发展的若干意见》指出："实施医师执业地点区域注册制度，支持医务人员到医养结合机构执业。建立医养结合机构医务人员进修轮训机制，提高其服务能力和水平。鼓励退休医务人员到医养结合机构执业。各地要出台支持政策，引导职业院校护理及相关专业毕业生到医养结合机构执业。医养结合机构中的医务人员享有与其他医疗卫生机构同等的职称评定、专业技术人员继续教育等待遇，医养结合机构没有条件为医务人员提供继续教育培训的，各地卫生健康行政部门可统筹安排有条件的单位集中组织培训"。

四、切实加大院校培养医养结合人才的力度

医养结合需要专业的人才队伍支撑。因此，加强医养结合人才队伍建设，提高医养结合人才培养规格和质量，是促进医疗卫生与养老服务融合发展、提高医养结合服务水平的必要前提，也是实现医养结合可持续发展的重要保证。

日前普通高校、职业院校对医养结合的人才培养，相对社会对医养结合人才的需求，尚有较大差距。各大院校每年培养出来的专业人才，进入医养结合机构工作的学生并不多。目前高校培养人才的速度不能较好地适应老龄化速度，而且在课程设置方面，大多数院校开设的相关课程相对有限，除了老年护理课程外，老年学、老年营养、老年护理管理、老年康复等课程设置薄弱。课时也比较紧张，学生到医养结合机构去实践的机会较少，理论与实际结合有限，学生了解医养结合服务的基础知识相对简单。

将来要形成以职业教育为主体，应用型本科和研究生教育层次相互衔接，学历教育以及职业培训并重的医养结合人才培养培训体系。建设一支质量良好、结构合理、数量充足的医养结合人才队伍，以适应和满足医养结合发展需求。

第二节　医养结合人才培养的模式和渠道

一、完善人才培养模式与专业内容

依托学校优质教育资源和培养条件，将老年护理、老年照护和老年康复等相关知识能力体系纳入人才培养教育指标体系中来。开展老年医护人员、照护人员订单式培养，重点加强针对老年人特点的课程设置、临床实习和业务培训。在现有全科医学、精神医学、护理学（老年护理方向）等辅修专业基础上，增设临床医学（老年医学方向）、临床医学（慢病管理方向）、康复治疗学（社区康复方向）等辅修专业，培养面向基层的老年照护、康复和全科医学人才，服务老龄化社会需求。

以医院为中心，与学校、医养结合机构共同搭建区域性人才培训网络，建设实用型医养结合人才培养基地。充分利用教师和医师的双重身份，突出医养结合人才培养的优势，帮助医养结合服务人员提升能力，纾解医养结合人才紧缺的情况。

二、完善人才培训体系和"双证书"制度

加快建成适应行业特点的院校教育、毕业后教育、继续教育3个阶段有机衔接的医养结合人才培养培训体系，建立医养结合人才培训中心，为医养结合从业的在职管理人员和老年照护队伍组织开展就业技能培训、岗位技能轮训及医养结合服务知识技能进家庭进社区等工作。积极做好职业技能鉴定工作，推进医养结合服务专业"双证书"制度，一方面鼓励从业人员在取得学历证书的同时积极参加职业技能鉴定，获得相应职业资格证书。另一方面对于已取得医养结合服务相关职业资格证书的从业人员，经过提升技能培训，可获得学校颁发相应的结业证书。从而提升医养结合服务水平。

加强对医养结合机构负责人、社区养老服务驿站负责人、养老企业负责人、社会组织负责人等管理人才的医养结合理论和实操培训，打造一支熟知医养结合法律法规、熟悉医养结合机构管理模式、了解医养结合运营业务流程、懂得医养结合服务质量控制的医养结合管理人才队伍。

三、拓宽继续教育渠道

利用网络学习平台拓宽继续教育渠道，鼓励医养结合从业人员自学成才，逐渐成为专业型或复合型人才。对广大医养结合工作者进行线上线下的教育培训，增强医养结合影响力。结合分级诊疗和医联体，争取更多更优质的医养结合课程上线，使更多有志于医养结合的人加入医养结合人才培养的学习队伍中。

四、建立志愿者队伍

依托社会志愿者服务团队，培育医养结合服务志愿者队伍，积极建立与医养结合服务机构挂钩的爱心帮扶制度，并利用各种宣传途径，引导社会企事业单位、社会团体、慈善组织和全社会为有需求的老年人提供各种公益性服务。

第三节　老年健康照护新职业相关情况

一、老年健康照护师

（一）概念

经过老年健康照护知识和技能培训，了解老年人特点及相关的法律法规；熟悉老年医疗护理知识、心理特点、营养需求、健康常识、安宁疗护等内容；掌握老年健康照护知识和技能，经考试或考核取得合格证书的老年健康照护人员。

（二）分级

老年健康照护师依据能力分为初级、中级、高级。

初级老年健康照护师：经过初级老年健康照护师培训并考核合格，具备基本老年健康照护知识和技能的照护人员。

中级老年健康照护师：经过中级老年健康照护师培训并考核合格，具备较高老年健康照护知识和技能，具备一定照护经验的照护人员。

高级老年健康照护师：经过高级老年健康照护师培训并考核合格，具备全面照护知识和技能，具备丰富照护经验的照护人员。

（三）通用条件

具有完全民事行为能力，无犯罪记录及不良从业记录。

具有初中及以上学历，年龄18~60岁。体检合格，持有二级及以上医疗机构出具的本人近3个月内的健康体检证明，无精神病史，无传染性疾病，无影响履行照护职责的疾病及功能障碍。

具有较强的职业责任感和职业道德，关爱、尊重、理解、包容老年人。掌握与老年人沟通的技巧，具有较强的语言表达与沟通能力，表达准确，解释耐心。

具有法律安全意识，维护老年人合法权益，保护照护对象秘密和隐私。

定期参加老年健康照护师培训学习，取得由中国老年医学学会颁发的老年健康照护师等级证书。

（四）基本职业要求

了解掌握相关法律、法规知识，如《中华人民共和国老年人权益保障法》等有关知识及其他相关法律、法规。

掌握老年人健康照护的应急预案，包括但不限于：消防安全、食品安全、设施设备安全、服务风险等。

掌握老年人照护基础知识，如老年人生理、心理特点，老年人常见疾病照护重点等。

掌握老年健康照护技能，如老年人生活照料、基础照护、康复照护、心理支持、营养照护、服药照护、健康指导等照护技能。

掌握老年人常见健康问题及疾病(危急)症状的照护及急救技能。

熟悉安宁疗护的基本原则、基础知识及基本技能。

二、老年人能力评估师

（一）概念

以老年服务需求为主，进行老年人自我照料能力方面评估的职业化人员。必须经过老年人能力评估知识和技能培训，熟悉老年人的疾病、体能、认知、心理、社会和环境等多层面信息。可由相关机构管理人员、医生、护士、康复师、社工、心理咨询师、老年健康照护师等人员担任。

（二）分级

老年人能力评估师依据能力分为初级、中级、高级。

初级老年人能力评估师：经过初级老年人能力评估师培训并考核合格，具备基本老年人能力评估相关知识和技能的人员。

中级老年人能力评估师：经过中级老年人能力评估师培训并考核合格，具备较高老年人能力评估相关知识和技能，具备一定评估经验的人员。

高级老年人能力评估师：经过高级老年人能力评估师培训并考核合格，具备全面老年人能力评估相关知识和技能，具备丰富评估经验的人员。

（三）通用条件

具有医学或护理学学历背景，或获得社会工作者资格证书，或获得高级养老护理员资格证书。

具有较强的职业责任感和职业道德，关爱、尊重、理解、包容老年人。

掌握与老年人沟通的技巧，具有较强的语言表达与沟通能力，表达准确，解释耐心。

具有法律安全意识，维护老年人合法权益，保护照护对象秘密和隐私。

（四）基本职业要求

了解掌握相关法律、法规知识，如《老年人权益保障法》《劳动法》的有关知识及其他相关法律、法规。

掌握老年人能力评估基础知识，如老年人生理、心理特点，老年人常见疾病等。

掌握老年人能力评估技能，如躯体功能评估、精神心理评估、社会评估、环境评估、生活质量评估、常见老年综合征或问题评估等技能。

三、老年医疗护理员

（一）概念

有能力在医疗机构、养老机构、医养结合机构、临终关怀机构、社区卫生服务中心、家庭等场所从事基本的老年护理技术服务，帮助老年人保持、恢复和促进健康，维持生命，减轻痛苦，预防疾病，提高生活质量的人员。医疗护理员是医疗辅助服务人员之一，主要从事辅助护理等工作，其不属于医疗机构卫生专业技术人员。医疗护理员的岗位职责包括饮食、清洁、睡眠、排痰、排泄、消毒、沟通、安全与急救、协助身体活动等方面。

（二）通用条件

经过老年医疗护理员培训并考核合格，具备老年医疗护理知识和技能的照护人员，并具有一定从业经验的人员。

年龄18~60岁，体检合格，具有初中及以上学历。

具有较强的职业责任感和职业道德，关爱、尊重、理解、包容老年人。

具较强的沟通能力，尤其是具备与老年人沟通的技巧。

有较强的法律安全意识，了解《中华人民共和国老年人权益保障法》，维护老年人的合法权益、保护老年人及其家庭的秘密和隐私。

定期参加老年医疗护理员的专业培训，取得相关资格证书。

熟悉医疗机构、养老机构、医养结合机构、临终关怀机构、社区卫生服务中心护理员（站）、护理中心、医养等相关规章制度、护理员岗位职责等。

（三）基本专业技能要求

掌握老年人的生理、心理特点。

掌握老年人生活照护的特点与技能等。

掌握老年人营养需求和进食原则，熟悉老年人的饮食种类、营养需求、进食原则、注意事项等。

掌握老年人常见疾病使用药物的注意事项。

能够对老年综合征如吞咽困难、视听障碍、睡眠障碍、便秘、大小便失禁、压疮、营养障碍、疼痛、坠积性肺炎、意识障碍等情况的表现、预防和照护措施。

能够对老年人常见的突发事件如走失、触电、噎食、跌倒/坠床、烫伤、管路滑脱进行预防与应对。

能够对老年人常见心理问题进行应对，对异常心理行为能够进行识别并采取措施。

掌握老年人终末期安宁疗护相关知识。

熟悉老年人的常见疾病及照护要求。

第五章　医养结合标准

第一节　医养结合标准提出的背景

一、国外医养结合的背景

日本、欧美等国家较我国先进入老龄化社会，经过多年的实践逐渐由医养分离走向医养融合，形成了整合型医疗保健模式，打破了医疗卫生服务机构与社会养老服务部门间的连续性服务障碍，基本扭转了供给系统割裂、破碎的局面。

二、我国医养结合实践经验的背景

目前，我国的医养结合实践经验说明，医疗卫生服务与社会养老服务具有明显的可区分性，进行明确的区分方能更好地进行整合。通过明晰医疗服务、康复服务以及照料护理之间的标准界限，能够为实现有区分的衔接做好准备。

我国医养结合针对老年群体健康养老多元需求的评估体系有待进一步加强，医疗、护理、日常生活照料之间的标准界线需更加明确。

进一步加强医养结合政策相关配套标准体系建设。医疗卫生与养老服务需进一步衔接、医养结合服务质量有待提高、相关支持政策措施需进一步完善。

建立健全医养结合相关标准，提高医养结合服务水平，促进有效的行业管理和监督成为摆在我们面前的重要课题，也是建立医养结合标准体系的根本出发点。

第二节　医养结合标准体系

一、医养结合标准体系的特点

医养结合标准体系是为开展医养结合所制定的标准、规范的总和。医养结合各种标准、规范按其内在联系形成科学有机整体。其主要特点是：①目的性。每一个标准都应该是围绕实现某一特定医养结合的标准化目的而形成的。②层次性。医养结合标准体系内的标准可分为若干个层次，反映医养结合标准体系的纵向结构。③协调性。医养结合标准体系内的各项标准在相关内容方面应衔接一致。④配套性。医养结合标准体系内的各种标准应互相补充、互相依存，共同构成一个完整整体。⑤比例性。医养结合标准体系内各类标准在数量上应保持一定的比例关系。⑥动态性。医养结合标准体系随着时间的推移和条件的改变应不断发展更新。

二、医养结合标准体系的研究

目前，关于医养结合的研究主要侧重于老年人对医养结合服务的社会需求和服务运行模式两个方向，多是从医养结合的服务需求、意义和运行策略等方面研究，而对于医养结合服务标准化建设方面的研究较少，不够完善。

制定医养结合标准规范，应聚焦医养结合政策的发展和运行现状，以提高医养结合服务质量、赢得老年人认可和满意为目标，统一行业标准，建立和完善医养结合标准体系，加强质量控制与监管。

三、医养结合标准体系（GECP）

为了加速医养结合标准体系（GECP）建设，制定医养结合系列标准规范，填补医养结合标准规范空白，辽宁省沈阳市以中国沈阳医养结合联盟为主导、以辽宁省标准化研究院为指导、以辽宁省老年服务协会为引导，经沈阳市市场监督管理局批准，成立了"沈阳市医养结合标准化技术委员会"。该机构将在医养结合标准体系（GECP）建设与创新发展中，发挥重要作用。

沈阳市医养结合的具体实践

第六章 医养结合沈阳样本

第一节 建机制、搭平台、育人才

2016年沈阳市被确定为国家首批医养结合试点城市。通过建机制、搭平台、育人才，建设医养结合联盟，发挥联盟各中心作用，实现按辖区、成体系、全覆盖，为人民群众提供医养结合服务有效供给，形成了可复制的"医养结合沈阳样本"，概括为"1234"。

一、"1"个医养联盟

为了进一步推进医养结合在医疗机构落地，2018年4月中国沈阳医养结合联盟成立。联盟由沈阳市安宁医院、沈阳市精神卫生中心、沈阳市老年医院、沈阳市第四人民医院4个三级医院为龙头，广泛吸纳各级开展医养结合试点的医院加入。联盟的职能定位和主要任务是：联合各级各类医养结合相关单位，为医养结合工作做好顶层设计，制定行业标准、建立质量控制体系，培养专业人才、规范专业行为、开展科研教学、进行新技术转化应用与推广。成立医养结合质量控制中心，建立医养结合专业学会，指导成立医养结合促进会，指导联盟各单位成立医养结合科室，发挥沈阳医养结合人才培训中心作用，培养医养结合人才。利用"互联网+医疗健康"搭建医养结合信息化平台，成立医养结合对外交流中心，开展对外国际交流，筹建商学院。协调指导联盟单位共同推进医养结合事业和产业发展，逐步形成了联盟常委会办公室领导下的几个中心。目前，联盟已经成立了医养结合人才培训中心、医养结合质量管理中心、医养结合信息中心、医养结合法律中心、安宁疗护指导中心、医养结合老年人心理关爱中心、医养结合专家组7个职能中心。各中心依据职能，积极开展工作，为建立医养结合行政体系、医养结合服务体系、医养结合监管体系做出了应有的贡献。

目前联盟已经吸纳了沈阳市精神卫生中心、沈阳市安宁医院、沈阳二四二医院、东北输变电设备集团中心医院、沈阳市职工康复医院、辽宁中医药大学附属医院等15个公立及企业医院和辽宁中置盛京老年病医院、沈阳市德济医院、沈阳市中环中医院、沈阳松辽中医院等16个民营医疗机构。30多个各级各类医养结合机构，设置了2500多张医养结合床位，为患病、失能老年人提供专业的医养结合服务。联盟内各医养结合试点机构，充分发挥自身优势和专业特长，开展医养结合服务。特别是联盟牵头单位沈阳市安宁医院、沈阳市精神卫生中心承担起失能失智老年人的医养结合服务，积累了许多经验，解决了失能失智老年人的照护难题。

二、"2"个指导方针

（一）党委领导、政府主导、人大督导、政协倡导

2016年6月，沈阳市被确定为全国第一批医养结合试点城市。沈阳市委、市政府高度重视、积极推进国家级医养结合试点工作，树立了坚持党委领导、政府主导、人大督导、政协倡导的医养结合工作指导思想。

1.加强顶层设计。2016年沈阳市委办公厅、市政府办公厅制发了《关于加快推进医疗卫生与养老服务结合发展的实施意见》。2017年沈阳市政府办公厅制发了《关于印发沈阳市推进医疗卫生与养老服务结合发展试点工作实施方案的通知》，对国家级医养结

合试点工作做了总体部署。

2. 加强规划布局。将医养结合纳入《沈阳市国民经济和社会发展第十三个五年规划纲要》，纳入《沈阳振兴发展战略规划》。

3. 加强组织建设。在沈阳市加快推进养老服务工作领导小组中增加医养结合试点工作职能，成立了以市长任组长，分管副市长为副组长，32个委办局为成员的领导小组，办公室分别设在市民政、市卫计委，办公室主任由市民政局局长、市卫计委主任共同担任。沈阳市卫计委在全国率先成立医养结合办公室，设专职主任，组织开展医养结合工作。特别是成立了全国省市级唯一的医养结合处，负责推进医养结合工作。

4. 加强经费保障。2018~2019年，国家、辽宁省、沈阳市财政投入资金共260万元，用于医养结合试点工作，使得沈阳市国家级医养结合试点工作有底气、有保障。

（二）部门联动、社会发动、市场驱动、全民行动

按照"一类一策、一院一策"的发展思路，积极推动沈阳地区医养结合服务事业和产业发展。《健康报》于2019年1月22日和5月13日两次报道了"医养结合沈阳样本"。2019年7月23日，《香港文汇报》对沈阳市老年照护师培训工作和沈阳市医养结合经验做了整版报道。2019年11月27日，在广州召开的全国国家级医养结合工作试点城市培训班上，沈阳市做了《建机制搭平台育人才打造医养结合沈阳模式》的经验介绍。沈阳市卫生健康委申报《建机制搭平台育人才，构建医养结合"沈阳模式"》；沈阳市安宁医院申报《失能失智老年人整合照护的安宁模式》；沈阳市和平区北市社区卫生服务中心申报《社区卫生服务中心开展安宁疗护》3个试点经验入选《国家卫健委与世界卫生组织（WHO）共同开展2018-2019双年度"医养结合在中国的最佳实践"合作项目经验汇编》。

三、"3"个实施方略

（一）3个管理方略

1.建立医养结合机制。成立医养结合办公室，承担协调委机关、相关单位，组织完成医养结合相关工作任务；制订工作计划和实施方案，指导各区县、各单位做好医养结合工作，组织对各区县、各单位医养结合工作的调研、督查和指导；组织开展医养结合工作课题研究，提出政策建议；组织举办医养结合工作相关会议、培训；组织开展医养结合工作的宣传倡导，在全社会营造良好的舆论氛围5项工作任务。医养办定期召开协调会议，不断推进沈阳市医养结合实施方案中各项任务的落实。按照医养结合试点任务要求，结合沈阳市的实际情况，先后制定出台医养结合服务规范、标准、流程等十余个指导性文件。形成了有效的医养结合机制。

2.搭建医养结合平台。搭建了医养结合试点机构平台，先行先试；搭建与人大代表、政协委员沟通平台，每年答复人大代表、政协委员关于医养结合的提案建议几十件；搭建媒体平台，利用多种媒体资源宣传医养结合工作进展情况，让百姓了解政策；搭建中国沈阳医养结合联盟平台，形成医养结合的大舰队。

3.培育医养结合人才。开创规范专业的医养结合人才培养模式。由政府举办老年照护师培训班，联盟15家医养结合试点机构的99名照护师通过老年照护师培训考核，获得老年照护师资格证书，沈阳首批专业老年照护师持证上岗。2019年9月，举办沈阳地区安宁疗护专业培训班，培训管理、医疗、护理人员235人，为下一步安宁疗护工作的开展储备了专业人才。2019年10月，沈阳市安宁医院被国家老年疾病临床研究中心（解放军总医院）批准为老年医疗照护培训基地。

（二）3个体系方略

1.构建了医养结合行政管理体系。市本级设立了医养结合处，将市级医养结合行政管理方式向基层推进，压实各级政府医养结合部门责任，初步建立了沈阳市医养结合行政管理体系。

2.构建了医养结合服务体系。制发了《沈阳市卫生健康委员会关于建立优质高效的医养结合服务体系的指导意见》，按辖区、成体系、全覆盖建立医养结合服务体系。融管理、技术服务和群众工作为一体，以开展老龄化宣传教育、老年健康教育、老年健康管理、老年医学服务、老年心理服务、老年康复服务、老年护理服务、老年安宁疗护以及培训服务人员为主要任务。在市级建立以老年病医院为龙头的各级各类医养结合服务中心，区县级建立以综合医院、中医医院和中西医结合医院为骨干的各级各类医养结合服务中心，乡（镇）街建立以乡镇卫生院、社区卫生服务中心为支撑的医养结合服务站，社区（村）建立以社区卫生服务站和村卫生室为依托的医养结合服务室。以沈阳市精神卫生中心、沈阳市安宁医院等三级医疗机构为龙头，以二级、一级医疗机构为骨干，基层医疗机构为网底，构成了市县乡村一体化，按辖区、成体系、全覆盖的医养结合服务体系基本建成。

3.构建了医养结合服务质量管理体系。以沈阳市老年病医院（市红十字会医院）为龙头，建立起医养结合质量管理控制中心，形成医养结合质量管理体系。医养结合质量管理控制中心为医养结合机构提供交流学习的平台，为医养结合机构提供咨询、指导服务，为深入推动医养融合提供第三方技术支持，开展医养结合机构标准化研究与推广，特别是为联盟单位提供老年医学医师、老年照护师、老年护师以及医养结合机构相关人才培训、培养。

沈阳市制发了《关于成立医养结合工作领导小组的通知》《关于印发沈阳市医养结合床位认定流程（试行）的通知》《关于印发沈阳市医养结合人才培养实施方案的通知》《关于印发沈阳市医养结合床位(病房）评估标准（试行）的通知》《关于成立沈阳市医养结合管理控制中心的通知》《关于建立优质高效的医养结合服务体系的指导意见》《关于成立沈阳市医养结合专家组的通知》《沈阳市卫生健康委员会、民政局、市场监督管理局、医疗保障局、市委编办关于加强医养结合机构审批登记备案工作的通知》等一系列政策、标准、规范，已经形成了基本的医养结合政策、标准、规范框架。

（三）3个建设方略

1.医养融合模式。"医养融合模式"也可以叫"医养结合床位模式"，由一个团队提供医养结合服务。服务对象主要是老年患者及失能（含失智）老年人。这类老年人的需求是刚性需求，需要提供急性期治疗、康复期长期照护、生命末期安宁疗护。服务场景是在医养结合机构的医疗床位开展医养结合服务。概括来说就是：以医终老、一（医）床到底、综合连续、全程服务。医养结合服务由一个团队提供，一人一床一团队，服务整合零距离。医养融合，不可切割。沈阳市精神卫生中心、沈阳市安宁医院、沈阳二四二医院、东北输变电设备集团中心医院、沈阳市职工康复医院、辽宁中医药大学附属医院等都是这种模式的医养结合机构。

2.医养结合"院中院"模式。医养结合的"院中院模式""嵌入式"由两个团队共同提供医养结合服务。服务对象主要是老年患者及失能老年人，也为少量部分失能老年人服务。这类老年人的需求是刚性需求，需要提供急性期治疗，康复期长期照护，生命末期安宁疗护。服务场景是建设在一个区域内的医疗机构和养老机构里，或者说是在一个院内。概括来说就是：以医为主、医养近距、综合连续、全程服务。医养结合服务由两个团队分别提供，一人二床二团队，院中院，近距离，医养结合，界限清晰。辽宁中置盛京老年病医院、沈阳市德济医院等是"院中院模式"的典型代表。

3. 养医结合的"签约模式"。 养医结合的"签约模式"，两个团队分别提供医疗卫生服务和养老服务。服务对象基本上是活力老人，这类老年人的需求是弹性需求，主要是健康管理、预防保健，慢病管理。服务场景是医疗机构与居家、社区、养老机构签约，利用家庭医生签约、院际签约、老年人就医绿色通道等方式提供医疗卫生服务。概括来说就是：以医助养、以养为主、养医异地、存在距离，养医结合、职责明晰、签约服务。

2019年5月，国家卫生健康委确定沈阳市为国家级安宁疗护试点城市，沈阳市成为国家级医养结合和安宁疗护的双试点城市。在安宁疗护试点中，打造了"安宁疗护盛京模式""中国医科大学盛京医院北市社区卫生服务中心"，形成了安宁疗护联合体，同质化为生命末期老年人开展安宁疗护服务，开展了国家老年人心理关爱项目试点，成立全国首个市级层面老年人心理关爱中心。未来该中心将试点推出调查、干预、诊疗等一条龙心理关爱服务，特别设立专家组实施结对关爱等心理健康干预计划，并着重关注贫困、空巢、失能、失智、计划生育特殊家庭和高龄独居老年人等高需求人群，为老年人提供人文关怀。

四、"4"个服务系统

"4"个服务系统包括：①基础服务系统。提供生活照料服务、膳食服务、清洁卫生服务、洗涤服务、文化娱乐服务。②医疗护埋服务系统。提供老年医学服务、中医药服务、护理服务。③康复服务系统。提供康复服务、辅助服务、心理精神支持服务。④失智老年人服务系统。提供系统的医疗卫生、生活照料、康复护理、人文关怀等多项服务。

第二节 农工党沈阳市委员会积极推动医养结合工作

农工党沈阳市委员会在全国率先关注医养结合工作。医养结合是农工党沈阳市委员会多年来始终关注的参政议政课题。2010年，农工党沈阳市委员会就开始了以"因病托老"为主题的系列调研活动，提出了建设性的意见建议，在全国引起了反响，受到了全国政协和原国家卫生部的高度重视。

一、率先提出"因病托老"全新概念

早在2010年沈阳市农工党李铁男主委就提出了"因病托老"的新概念。同时李铁男主委到扬州市职业病防治院、南京市玄武区玄武门社区卫生服务站、老年康复护理院等地进行了考察，完成了《关于加快建立我省"因病托老"服务体系建设的建议》的调研报告。

报告指出"六有"，即老有所学、老有所乐、老有所养、老有所医、老有所为、老有所居，是做好老龄工作的主要任务。而"六有"当中，最为核心、最为要紧的是"老有所养"和"老有所医"，其中"老有所医"更应该排在首位。在现实生活中，特别是一些高龄老年人不仅生活不能自理，同时又有诸多的慢性病，而这些老年人一是不能去以医疗为主的大医院，二是不能去无医疗资质的养老院，三是不能在家里。对于上述"三个不能"的高龄且有慢性病的老年人，如何有适宜的居所去处，能够幸福、体面有尊严地度过生命的最后时光，"因病托老"应运而生。当时，沈阳市、辽宁省乃至国内，为老年人服务的养老机构紧缺，而集长期医疗护理、康复促进、临终关怀为一体的"因病托老"机构更是凤毛麟角，沈阳市几乎没有一所大型的公立老年护理院。上述这些"三个不能"的老年人只能在医院、养老院、家庭之间推来推去、搬来搬去，这既是对老年人的服务缺失，也是对老年人子女的煎熬和折腾，更是社会需求供给的缺失。

报告还提出以下5点建议：

1.将因病托老机构和老年护理院建设纳入城乡区域卫生规划和医疗机构设置规划中。 要根据城乡居民需求、人口数量和医疗卫生及养老资源的分布状况，对因病托老机构和老年护理院进行规划与布局设置，形成急慢分治、养治结合、功能互补、紧密合作的医疗养老服务新格局。

2.将部分现有医疗机构转型为因病托老机构和老年护理院。 充分利用现有的医疗卫生资源，特别是应该对城市已经过剩的公立医疗资源进行整合，将部分一级或二级医疗机构（包括厂企医院）进行结构和功能调整，直接转型为因病托老机构和老年护理院，明确其为老年患者提供长期医疗护理等服务的功能和任务，完善所需的房屋设施和器械装备，并加强医务及护工人员的培训。值得强调的是借医改及城市公立医院改革的契机，市、区政府应该举办几所有较大容量和服务规模的该类机构。

3.鼓励和引导社会资本开办因病托老机构和老年护理院。 根据《关于进一步鼓励和引导社会资本举办医疗机构的意见》精神，鼓励和引导社会资本举办营利性或非营利性因病托老机构和老年护理院。地方政府卫生健康行政部门要完善落实优惠政策，确保非公立和公立的因病托老及老年护理院享受同等待遇。

4.建立制度标准，确保规范运营。 各级卫生主管部门应按行业特点，建立健全相关法规和准入、退出、监管制度。规范因病托老服务市场行为，加快出台和完善相关服务标准、设施标准和管理规范。抓紧制定因病托老机构的建设标准，建立等级评定制度及评估制度，并鼓励社会各界对标准和规划实施进行监督。

5.完善相应的扶植政策。 在土地供应、社会及医疗保险、财政补助、税费优惠等方面要有配套支撑政策，使其能够通过服务收费、慈善捐赠、政府补贴等多渠道筹集运营费用，确保自身的可持续发展。同时要特别关注和优先保障孤老优抚对象，"三无""五保"及低收入的高龄、独居、失能等困难老年人的因病托老服务需求。

二、发挥自身优势，关注医养结合

2013年国家提出"医养结合"概念后，农工党沈阳市委会充分发挥医药卫生界别优势和特点，积极开展医养结合专题考察、视察和调研等参政议政活动。

（一）联合抚顺市开展医养结合专题调研活动

2017年8月31日，农工党沈阳市委会与农工党抚顺市委联合开展医养结合专题调研活动。调研组视察了辽宁中置盛京老年病医院。调研组认为，医养结合机构首先应盘活现有医疗机构及养老院的存量。三级医疗机构受服务功能和床位限制，一般不宜从事医养结合服务，因此主要是一些二级以下的医疗机构，包括企业医疗机构向医养结合机构划转。特别是对城市已过剩的公立医疗资源进行整合，进行结构和功能调整，直接转型为因病托老机构或老年护理院。其次是在一些原有的养老院增设医疗功能。再次是新组建成立集医疗及养老为一体的新型医养结合机构。借医改及城市公立医院改革契机，市、区政府应该举办一些有较大收容量和服务规模的该类机构，要鼓励民营资本进入养老市场，开办医养结合机构。

1.**医养结合机构的医疗执业管理**。一般应是二级以下医疗机构的执业层级，并且应以一级为主，或者介于两者之间。在确定医疗机构层级的前提下，再明确科室设置、配套的仪器设备及界定其医疗服务功能和分级诊疗问题。

2.**医养结合机构的收费管理**。一般而言，符合住院条件的按住院患者和该机构的层级及标准收费；康复功能锻炼的按相应的医保政策收费；一般的家政服务护理及临终关怀护理按家政服务收费。

3.**医养结合机构人员的管理**。医护技人员、家政服务人员、后勤保障人员，是医养结合机构的三大类组成人员，应分别按相应条件及标准招录并进行准入管理。医护技人员的组成比例及层级按该机构相关执业层级要求进行指导和管理。家政服务人员也要按相应的要求进行招录和从业管理。需要强调的是近年来一些高职院校培养的老年护理专业毕业生可兼顾医疗及家政护理工作。

4.**医养结合机构谁来主管问题**。尽管该类机构是"二合一"功能，但由于医疗功能科技含量高，并且有一定难度和风险，因此建议将确保医疗安全和质量放在首位，特别是以患者安全管理为主，所以目前监管指导应以卫生健康部门为主，民政部门则应侧重家政和济困服务指导，两者明确职责，通力配合。

（二）参加市政协高品质医养结合服务体系建设视察

2018年4月12日，由农工党沈阳市委会与市政协教科文卫体委员会联合组成的高品质医养结合服务体系建设调研组，对沈阳德济医院和大东区中医院进行实地调研，调研组听取了沈阳市民政局、人社局、发改委、卫健委汇报。徐卫华就沈阳市的发展现状及相关政策，提出了"养老最后一公里"的概念。

（三）赴沈阳市安宁医院联合开展专题调研

2018年8月29日，农工党沈阳市委会与市政协教科文卫体委员会赴沈阳市安宁医院联合对失智人员医养结合情况开展专题调研。

（四）视察沈阳市医养结合工作

2018年10月24日，市政协联合农工党沈阳市委会到辽宁中置盛京老年病医院、沈阳浑河新城医院进行视察。调研组提出，沈阳市应加强医养结合人才队伍建设，在市属医学院校和高职院校设立医养结合专业，为迎接老龄化社会奠定人才基础。同时要加强顶层设计，抓紧制定医养结合发展规划或纲要，从全局谋划好医养结合工作，为人民群众带来更多的福祉。

（五）开展推动失智失独人员医养结合专题调研活动

2019年7月1日，沈阳市政协教科卫体委员会与农工党沈阳市委会联合开展推动失智失独人员医养结合专题调研活动。调研组到沈阳市第二精神卫生中心（沈阳市安宁医院）和沈阳市第一精神卫生中心视察。调研组指出，"失智失独人员医养结合"调研课题是市政协今年的重点协商内容，要以全新的视野和政治站位，结合当前市委"不忘初心，牢记使命"主题教育，聚焦失智失独特殊群体，在学习教育、调查研究、检视问题、整改落实上出实招、献良策，以适应时代发展和人民群众关切，全面打造沈阳市医养结合发展新格局，确保主题教育取得实实在在的成效。

（六）主办农工党东北内蒙古部分城市医养结合论坛

2019年7月2日至4日，农工党沈阳、大连、长春、哈尔滨、呼和浩特5个市委会齐聚沈阳，召开农工党东北内蒙古部分城市2019年工作联席会议暨医养结合论坛。本次论坛的主题是"深入探讨四省五市老龄化人口医养结合服务体系建设健康有序发展问题"。与会人员到沈阳德济医院、中国医科大学附属盛京医院、沈阳雍森医院进行参观。会议指出，医养结合论坛搭建了东北内蒙古地区农工党共同建言献策的新平台，也是创新参政议政模式的积极探索。

（七）推动失智失独人员医养结合工作

2019年7月19日，启动失智失独人员医养结合调研工作。在沈阳市卫健委、医保局听取了工作情况汇报，到沈阳市德济医院调研失智失独人员医养结合工作。李铁男主委强调，要把"养医结合"与"医养结合"区别开来，明确从事医养结合服务机构的功能定位，注重可行性和可及性，关注失能、部分失能、失智、失独特殊群体的医养结合工作；关注失独人员的医疗需求和救助，为医养结合提供强有力的支撑。赵世宏副主席指出，失智失独人员的医养结合工作事关人民群众福祉，要加快启动长期护理险，尤其要关注失独人员特殊群体；把钱用在刀刃上，对失能人员的照护做到不挪床、不换房间，让他们有尊严地走完人生的最后一程。2020年将农村医养结合工作纳入工作视野。辽宁拟制定全国首部医养结合的地方性法规已进入二审程序，加快探索对失智失独人员的医养结合工作，为充实完善地方性法规做出贡献。

（八）召开农村医养结合调研工作启动会议

2020年3月25日，沈阳市政协教科卫体委员会与农工党沈阳市委会联合召开农村医养结合调研工作启动会议。会议指出，要摸清底数，掌握沈阳市农村人口总数和60岁以上老年人口数，以及农村老年人口中失能、部分失能和失智失独人口数，要知晓沈阳市贫困老年人口的具体情况和全市县区敬老院、乡镇卫生院、农村医养结合的基本情况。要在明晰外情、内情的基础上，研判分析沈阳市农村医养结合工作存在的问题和困惑，选择有代表意义的偏远农村和近郊开展调研。要进一步加强顶层设计，解决农村因病致贫因病返贫的顽疾。尤其在新冠肺炎疫情后期，要促进农村养老院与乡镇卫生院合作，完善农村医养结合服务体系建设，推动精准扶贫精准脱贫工作，为广大农村群众提供医养结合服务有效供给。

三、建言立论，建言献策

农工党沈阳市委会不仅积极开展医养结合专题视察、考察和调研活动，围绕完善医养结合体制机制建设相继提出一些建议在《辽宁农工》《健康报》《中国卫生》等报纸、杂志发表，引起了农工党中央及全国政协的重视。

（一）应尽快厘清"模糊地带"

2017年4月28日，《健康报》刊发了农工党沈阳市委会主委、沈阳市第七人民医院院长李铁男提出的《医养结合"模糊地带"应尽快厘清》的建议。一是盘活现有机构存量并确定机构层级；二是分时段和功能进行收费管理；三是人员应分类招录并实施准入；四是把医疗质量和安全放在首位。

（二）需关注和破解的问题

2017年，李铁男主委撰写的《推进医养结合体系建设需要关注和破解的几个问题》在农工党中央刊物《前进论坛》上发表，并获得"2017年度《前进论坛》好文章奖"。文章从厘清制约医养结合体系建设中的医养结合机构的出身、执业问题、收费管理问题、人员构成与招录管理问题、主管部门问题5个方面，阐述了医养结合体系建设的几大要素问题，并提出建议。

（三）切实解决瓶颈要素

2018年1月12日《健康报》发表了李铁男主委的《医养结合要聚焦重点人群切实解决瓶颈要素问题》。针对医养结合最迫切的现实需求、盲区、短板，以及在运行过程中一些重点、要素、需要直面化解的问题，提出了具体建议。

1.要明确医养结合应聚焦服务的重点人群。医养结合的服务对象有广义、狭义之分。广义的是所有有养老及医疗需求的人群，狭义的是有特殊医疗及养老需求的人群。医养结合不能简单理解为医疗机构加养老服务功能，或养老机构加医疗服务功能。对医养结合需求最迫切的是失能、部分失能、失智及临终关怀的人群，也是医养结合最需要雪中送炭的人群及聚焦服务的重点人群。所以在关注广义医养结合人群的前提下，应重点和优先解决上述重点服务人群的需求问题。

2.要明确提供医养结合服务的医疗机构层级。目前医养结合政策氛围很好，参与及准备参与的医疗机构积极性空前高涨，其中还有一些三甲及三特的大型、超大型医疗机构。相关主管部门应统筹规划、整休安排。需要明确三级医疗机构受服务功能和床位限制一般不宜从事医养结合服务。因此首先是一些二级以下的医疗机构，包括企业医疗机构向医养结合机构划转，特别是对城市已过剩的公立医疗资源进行整合，进行结构和功能调整，直接转型为医养结合机构或老年护理院。其次是在一些原有的养老院增设医疗功能，再次是新组成成立集医疗及养老为一体的新型医养结合机构。同时也要鼓励民营资本进入养老市场，开办大、中、小型医养结合机构。

3.要尽快解决医养结合的瓶颈要素问题。推进医养结合目前重中之重的是针对上述应聚焦重点服务人群不同时段、不同情形下的收费问题。具体来讲，就是一些失能、失智、临终关怀的患者，如何不换房间、不移床位，就能享受什么样的政策，应该收取什么名目的费用。目前的情形是，一些医养结合机构里的患者需要分别在养老区和医疗区之间搬来搬去，甚至转至其他医疗机构，病情平稳后再折转回来。因此，目前急需制定一个政策，在适宜的医养结合机构里，这样的患者在一般情形下不需再搬来搬去，根据病情及转归情况，在某一时段，可以启动医保，享受医保待遇，按医保收费，在另一时段，则可按家政护理收费。甚至循环往复。

农工党沈阳市委会在近10年来关于"因病托老""医养结合"的建议提案，在国家、辽宁省和沈阳市的一系列关于医养结合的政策文件中均有体现。

第三节　辽宁省老年服务协会实施"1543"工程

辽宁省老年服务协会（以下简称"老服会"）成立于2011年10月。届时，经中共中央组织部同意，由辽宁省人大常委会副主任朱绍毅同志为筹备成立的辽宁省老年服务协会会长人选。"老服会"秉持"为老年人解难、为政府分忧、为社会尽责、为会员服务"的宗旨，在加强行业自律、提供决策咨询、推进医养结合、促进健康养老、服务企业发展等方面发挥了积极作用。新冠肺炎疫情防控期间，"老服会"于2020年1月26日就给会员单位发出了《致全体会员的一封公开信》，号召全体会员单位积极参与疫情防控工作，保护好老年人，做好老年人的疫情防控工作，并为老年服务机构和人员提供咨询、指导和帮助。"老服会"被辽宁省民政厅评为5A级社会组织；获全国老龄工作委员会办公室颁发的"全国老龄政策研究优秀成果优秀奖";"老服会"的请示报告、调研报告获得辽宁省委省政府、沈阳市委市政府主要领导和主管领导15次批示与指示;获得国家级和省级媒体超百次报道;深受广大老年人的好评。

一、推进医养结合的基本情况

"老服会"从2013年起研究医养结合。重点研究了3个问题:一是如何推进医疗卫生资源进入养老机构、社区和家庭;二是如何创新医疗机构与养老机构合作模式;三是如何实现医养结合网络化技术支撑。"老服会"发起单位之一的沈阳蓝卡健康集团积极探索居家医养结合模式,该模式采取网络化技术支撑、标准化医疗服务、居家式康复护理、社区式健康管理的服务模式。这种创新服务模式得到了中共中央政策研究室的高度评价和充分肯定。"老服会"在2013年8月20日《送阅件》中指出:"辽宁蓝卡健康集团依托网络信息技术打造医疗云计算服务平台,向上连接三甲医院,向下支撑蓝卡社区诊所,由蓝卡诊所提供相关医疗、养老服务,并与合作医院完成疑难病的双向转诊和视频远程会诊。蓝卡可为社区老人提供健康档案服务、24小时呼叫中心、转诊就医绿色通道等全程在线服务,打造居家医疗服务和家庭医生服务网络化新模式。""老服会"调研组关于辽宁蓝卡健康集团的调研报告《催生新型养老业态,推动医疗体制改革》,于2016年7月18日刊登在中共辽宁省委辽宁省人民政府咨询委员会、中共辽宁省委政策研究室主办的《咨询文摘》上。2017年后,辽宁蓝卡集团继续同有关会员单位共同行动,深入开展调查研究,注重总结医养结合经验,积极推介医养结合典型,有效促进医养结合创新发展。

二、推进医养结合的典型单位

在医养结合的实践中，涌现出一些各有特色的医养结合典型单位，这里仅举如下3例。

（一）辽宁中置盛京老年病医院

该单位推进医养结合的特点是：

1. 从医养目标定位看。定位准确、设计长远、规模宏伟、布局科学。该单位的医养结合将在适当时间、适当地点、适当规模、逐步复制、保质保量、有效推进。

2. 从医养结合模式看。实行的是以医院为中心的"院中院"医养结合模式。该院被中国老年医学学会授予"国家级医养结合'院中院'模式示范基地"称号；被"老服会"确定为"辽宁省医养结合新模式示范基地"。该模式受到了国内外业界同行的认同和赞扬。

3. 从医养服务对象看。基本是70岁以上的老年人和失能失智、部分失能失智老年人。据统计，从2017年5月经医疗卫生健康部门批准正式开诊以来，出院患者18722人，平均年龄72岁。接收养老入住者734人次，平均年龄80岁。

4. 从医技、设施、设备看。名医多、专业人员多、设施设备先进、信息化程度高、医疗技术和专业养老水平提升快。该院在解放军301医院带领下，承担了科技部国家重点研发项目，即"医养结合解决方案研究"，并获得国家科研基金支助。经中国心衰中心总部认定，该院心内科被评为国家级"第四批次心衰中心建设单位"。

5. 从"两院运行"看。医疗机构和养老机构同步发力、双轮运行、优势互补、比翼齐飞、携手创新发展。"辽宁中置盛京老年病医院"被确定为"沈阳市第十二人民医院"。该院参与了联合国世界卫生组织（2020-2030年）健康老龄化10年健康发展计划的制定和讨论，并将参与为全世界的老年人解决孤独与陪伴的方案研究。中置盛京养老产业股份有限公司，被评为"2018品牌中国医养结合示范单位"。中置颐养老年公寓，荣获"中国医养结合十大品牌"称号，被沈阳市人民政府评定为"五星级"养老机构。

6.从履行社会责任看。该单位自觉把企业命运融入国家和民族命运中。面对来势汹汹的新冠肺炎疫情，涉老服务优秀领航人李杰董事长立即召开集团董事会紧急会议，研究落实如何投入这场战"疫"，救死扶伤，履行民企社会责任，用实际行动回报党、回报国家、回报社会、回报人民等问题。2020年2月20日，在自愿基础上该院选出干诊三病房副主任医师杜伟、重症监护室护士王中行、干诊四病房护士周旸、急诊科护士闫春来等4名白衣天使驰援湖北武汉抗击疫情，展现了新时代、新民企、新风采。

（二）滨海建设集团淮阳温泉颐养公馆

该单位认真研究医养结合沈阳样本，在广泛吸取沈阳市和全国医养结合经验基础上，先在丹东市新区开设了滨海金城养老机构和医院，践行医养结合，然后精心打造了淮阳温泉颐养公寓。该单位推进医养结合的特点是：

1.先建养老综合体，探索医养结合之路。他们先将原有房屋改造成养老公寓和医院，修建了康复健身园区、涉老幸福超市，并将机构养老辐射到社区，配备了相关设施设备，招聘了医护人员和专业养老服务人员。开业一年多仅有的300张床位均有老年人入住。他们将养老、医疗、康复、超市、社区融为一体，形成了"五位一体"式的养老综合体，深受老年人欢迎。

2.总结医养结合经验，新建淮阳温泉颐养公馆。由于养老综合体获得成功，该单位在丹东市振安区又新建了医养结合机构，称为"淮阳温泉颐养公馆"。新建机构占地1.5万平方米，400张床位，拥有独立生活社区、金城医院、康复训练馆、休闲娱乐馆、温泉游泳馆（占地1万平方米）、室内外泡池、儿童游乐园、配套生活设施和医养信息平台等。淮阳温泉颐养公馆于2019年开业，该机构是在涉老服务优秀领航人徐道胜董事长的领导下由丹东滨海建设集团投资兴建。

3.面对自理老年人，打造医养康养颐养示范基地。这里既有老年公寓，又有医院；既有康复训练场所及设备，又有颐养休闲和洗温泉之处。形成了医养康养颐养为一体的综合型医养结合模式。该机构被"老服会"确定为"辽宁医养康养颐养示范基地"。

4.入住方式灵活，老年人可单独入住也可全家入住。该公馆设置了不同的房间和不同的单元，有需求的老年人可以选择自己喜欢的单元或房间。入住时间可长可短，可以是1个月或3个月或6个月或长期入住，时间均可按照老年人各自的要求安排。老年人用餐，有中央厨房进行营养配餐，各自房屋内也有适老化厨房，同时配备了儿女探视客房。

（三）辽宁省金秋医院

该单位推进医养结合的特点是：

1.建院25年初心不变，防治老年疾病谱新篇。辽宁省金秋医院于1995年8月26日举行开院典礼，25年来始终坚持全心全意为老年人防治疾病服务。该院是辽宁省国营首家省级老年病医院，是全省最大的以老年病防治为主的综合性三级甲等医疗机构。老年急危重症、多器官衰竭、功能衰竭、老年共病诊治、多重用药管理，以及老年综合评估、康复评估与治疗等临床诊疗技术，均达到国内先进水平。2019年，诊疗人次10.2万人，出院人数1.43万人。

2.积极应对人口老龄化，打造延伸式医养结合模式。辽宁省金秋医院在时任院长（现任党委书记）暴继敏同志的领导下，努力探索新型医养结合模式。作为三甲医院的辽宁省金秋医院，围绕"延伸式医养结合"，积极探索了4种不同的医养结合模式：一是公办民营。国家建完之后，交由企业经营。以沈阳养老服务中心为例，医院派驻医务人员到养老中心。二是与全外资机构合作。该单位选择了几个有经验的外资养老机构，同辽宁省金秋医院共建医养平台，在医疗方面需要什么辽宁省金秋医院就提供什么。三是与相关国企就医联体、康复、养老、健康旅游等方面开展合作。设立"营口港金秋老年研究基金"，支持老年医学、护理、康复技术和政策研究等。四是与华润集团共建城市养老综合体，并以其为中心，与社区卫生服务中心联合，采取PPP模式建立社区养老服务中心。

3.选派医务人员驰援湖北等地。用实际行动诠释辽宁省金秋医院和医务人员的担当与责任，体现强大的医养结合服务能力。

三、推进医养结合的系统工程

"老服会"专家一致认为"1543工程"比较准确的概括了"老服会"创新发展当今和未来主要工作任务。

（一）始终坚持"1"条主线

积极应对人口老龄化，必须在医养结合中坚持以健康养老为主线。基于老年人不同健康状况，大体上可将老年人划分为3种类型：A型，即完全自理型；B型，即基本自理型；C型，即不能自理型。对于A型老年人群，应坚持以"治未病"为中心，支持居家养老，鼓励旅居养老和文化养老，倡导采取积极养老方式；对于B型老年人群，应坚持以"慢病管理"为中心，支持家庭康养或机构康养，重视治疗和精神慰藉，倡导参与积极养老；对于C型老年人群，应坚持以医院和康复院为中心，重视个性化治疗、专业化护理和精准化康复训练。无论对于A型、B型或C型的老年人群，都要贯彻大健康理念，都要以健康养老为主线，都要强化健康监控、健康评估、健康咨询和健康管理。坚持以健康养老为主线，应大力倡导积极养老方式，采取积极养老方式，是坚持以健康养老为主线的重要举措。希望A、B两种类型的老年人群，在思想上要充分认识自身潜能，永葆积极向上心态，主动融入积极养老大潮，发挥各自应有作用。在行动上要自愿做好对社会有意义的事：或积极参加适合自己的某些工作，或积极参加弘扬社会正能量的活动，或积极参加文体活动，或积极从事家庭有益活动。我们鼓励老年人在自愿和量力的情况下，用多年积累的知识、技能和经验，继续为我国新时代经济社会发展做出新贡献。健康养老是个复杂的系统工程，这项工程，不仅关系到医疗业和养老业，而且涉及农产品生产加工业、餐饮服务业、电子生产业、机械制造业、文化旅游业、信息服务业等。医疗业、养老业，应同这些产业有效链接，推进医养结合和康养结合。同时还涉及老年教育、中华民族优良传统教育、健康文明生活方式和良好社会环境，应积极构建养老、孝老、敬老政策体系和社会环境。

（二）积极推进"5"化建设

1.**系统化**。建设系统化老年服务体系，满足老年人多样化需求。

2.**标准化**。研究和制订具有可操作性的多种"团标"，提升养老服务规范化、标准化水平。

3.**个性化**。对老年人能力进行科学评估，推行一对一式的个性化服务。

4.**精准化**。引导涉老企业给老年人提供精细化、精准化的服务，不断提升服务能力和服务水平。

5.**信息化**。广泛运用互联网技术、物联网技术、微信公众号和"老服会"的"辽宁省老年服务网"。

(三)创新发展"4"个联盟

1.**养老联盟**。整合机构养老、社区养老、居家养老服务资源，为老年人提供优质、高效、适合、准时的服务。

2.**医养结合联盟**。整合医疗资源，将以医疗为主的单位，吸纳到为老服务的民生保障和改善之中，落实党和政府关于"必须多谋民生之力、多解民生之忧"的重大战略部署，推进医养结合创新发展。

3.**涉老健康产业联盟**。整合涉老健康饮食、用品等企业资源，吸纳供给侧型企业，推动涉老优质健康产品供应链的延长，满足老年人在医养中的多种需求。

4.**涉老文旅服务联盟**。整合涉老文旅服务资源，吸纳有实力的、有法人资质的文旅机构。推动歌舞、体育、书画、摄影、工艺等团队创新发展，深入实施文化惠民工程，丰富老年人文化生活，倡导积极养老，推进老有所为。

(四)努力完善"3"个专委会

1.**老年健康服务专业委员会的主要任务**。①制定老年健康服务相关规范，健全老年健康服务领域职业技能标准体系。加大对健康照护师、医疗护理员等职业相关标准的研发力度，加快技能类新职业的职业技能标准研发。②咨询、推介健康服务项目。指导会员在家庭、社区、机构等场所为有需求的老年人提供多方面健康服务。③培养老年健康服务专业人才和管理人才。开展老年健康服务领域职业技能培训和鉴定工作。提升从业人员的素质和技能，打造数量充足、素质优良的从业人员队伍，为医养结合机构及医养结合床位提供合格的医养结合服务、健康照护服务等老年健康服务人才。④全面推动老年服务领域职业技能评价工作。

全面适应市场需求，将人才培养培训与新职业及相应标准研发紧密对接，对培训人员进行职业评价认定及颁发职业技能证书，提高参加培训人员的职业能力，促进就业创业和职业发展。⑤为政府部门研究制定相关政策当好参谋。

2. 老年人能力评估专业委员会的主要任务。 对入住养老机构的老年人或者加入社区养老的老年人或居家养老的老年人进行能力评估，将评估结果提供给养老服务机构，以此作为开展医养结合工作的重要依据。该项评估不仅有利于推进医养结合工作，而且有利于推进政府购买服务和长期照护险的有效实施。

3. 医养结合专业标准化技术委员会的主要任务。 为实现老年服务业的规范化、标准化，提升医养结合的技术水平、服务质量、管理能力，提供系统化、专业化、现代化的标准与规范。

为确保"1543工程"的有效实施，持续推进医养结合，"老服务会"将在"建组织、搭平台、推项目、育人才"等方面，发挥其独特优势和应有的作用。

第四节　中国沈阳医养结合联盟法律事务服务中心

为了促进中国沈阳医养结合联盟（以下简称"联盟"）健康可持续发展，构建合法化营商环境，满足联盟成员法律服务需求，"联盟"成立联盟法律事务服务中心。

一、宗旨

法律事务服务中心服务于联盟和联盟成员，以联盟和联盟成员的合法利益为优先，力求解决医养结合领域法律难题，填补专业领域规范空白，推动医养结合领域法制建设，保障并助力联盟和联盟成员合法、合规稳健运行。

二、原则

法律事务服务中心秉承"专注医养结合领域，以公益性为主，满足联盟成员客观需求为辅"的原则。

三、职责

（一）建立法律事务服务中心工作网络

联盟成员统一加入法律事务服务中心工作群，形成工作网络。

（二）做好医养结合领域专业化法制建设

目前对于医养结合类运营模式、是否具有可操作性和安全性以及存在的风险等问题，存在很大程度的法律空白，无据可依。法律事务服务中心将配合相关部门完善法制建设，建言献策，推动相关法制建设。同时，法律事务服务中心将根据各联盟成员提供的热点、难点等共性问题，进行总结并提出合法化或合理化建议。

1.做好法制宣传。法律事务服务中心一方面接受法制类宣传采访，一方面开展法制宣传讲座，分享法律经验，预防和警示法律风险，打造尊法、学法、守法、用法的合法化营商环境。

2.解答法律咨询。法律事务服务中心在接到联盟成员电话法律咨询后，尽力解答。对情况复杂、电话中难以解答的问题，约请咨询人到法律事务服务中心指定地点当面解答。

3.提供法律援助。对于法律事务服务中心认为确有必要或符合《中华人民共和国法律援助条例》第十条、第十一条和《辽宁省法律援助实施办法》第八条的条件时，视情节提供法律援助。

第五节　中国沈阳医养结合联盟信息中心与"泰照护"

为推进医养结合工作，提升中国沈阳医养结合联盟工作质量和服务能力，依据《关于成立中国沈阳医养结合联盟的通知》精神，"联盟"成立中国沈阳医养结合联盟信息中心，中心主任由联盟办常务副主任、市安宁医院副院长魏迎东兼任，负责信息中心的构建和运营。

一、职责

1.负责医养结合信息系统建设规划的组织实施，落实医养结合信息资源整合的具体工作。

2.负责有关医养结合信息数据统计及分析。

3.承担医养结合网络平台、科研平台、中心数据库和应用系统的组织建设、维护及推广。

4.负责医养结合网络运行的技术保障及安全管理。

5.负责指导各医养结合医疗机构的卫生信息系统建设。

6.负责医养结合医疗机构的网络信息等相关业务培训。

二、"泰照护"平台

泰康总结医养结合的实践经验和长期护理保险试点经办经验，借鉴吸收国际经验，率先开发出集先进性、专业性、安全性等突出特点，具有自主知识著作权的泰照护养老照护机构平台系统，简称"泰照护"平台。平台借助云计算技术、输出服务标准持续迭代，以满足大健康产业生态开放需求。为养老院、敬老院、护理院、福利院、养老公寓等养老生活服务及长期照护机构，提供SaaS解决方案，实现养老服务信息规范管理，具备开箱即用，集中运维。

泰照护平台以老年人健康档案为核心，涵盖一站式养老咨询申请、评估分级、生活照料、紧急援助、医疗保健、文化娱乐、心理慰藉等养老服务，分角色提供居住管理、评估管理、合同管理、长期照护管理、费用管理、工单管理、运营分析等应用和支撑服务功能，支持长护险业务开展与溢彩公益推广的需求。

泰照护云平台采用统一的技术架构和基础信息平台，Web端核心功能包括客户管理系统、居住管理系统、费用管理系统、专业评估系统、长期照护管理系统、健康管理系统、业务配置管理系统、运营统计管理系统、长期护理保险配置。平台采用移动互联网、云计算、大数据、物联网等先进技术，将人脸识别、地理位置信息定位、电子签名、智能设备信息导入、区块链信息存储、时间银行等最新技术渗入系统中，打造了一套拥有Web应用以及移动互联相结合的安全、高效、专业、便捷、智能的管理平台。

泰康通过与合作伙伴深度合作，建立涵盖健康保险、临床医疗、健康管理、养老服务、供应链体系、互联网医疗的大健康产业生态体系。泰康作为商保公司和系统建设公司双重角色，需求和实际业务结合紧密。系统为自主研发，无三方厂商协调成本，可控性更强，能更好地为政府、养老机构和老百姓提供服务。

第七章　医养结合联盟单位经验分享

第一节　辽宁中置盛京老年病医院 "院中院" 模式

一、基本情况

辽宁中置盛京老年病医院、中置颐养老年公寓于2017年5月开业，是集医疗、护理、预防、科研、教学、以医带养的三级综合性医院。总建筑面积为8万平方米。其中医院建筑面积为4万平方米，开放床位460张；养老公寓建筑面积为4万平方米，床位为1280张。由于同处一个楼房，医疗优势突出，吸引了诸多高龄老年人来院就诊和养老，养老服务上与医院实现了零距离、秒医疗的无缝衔接。形成了以医院为中心的 "院中院" 模式。

医院现有卫生技术人员454人，聚集了省市各大医院知名专家。在老年病诊治、紧急救助、医护服务、健康管理等方面，形成明显的多学科医疗技术优势，是东北首家以 "医疗、养老" 相结合理念创建的可持续发展的综合性医养机构。医院拥有国内外先进诊疗设备，确保诊疗的专业、精准、高效。

二、服务特色

（一） "七个融合" 和 "八大特色"

在建设国家级医养结合示范基地过程中，本院始终以老年人健康为宗旨、老年医学为核心、医疗技术为保障，全面实施 "七个融合" 和贯彻落实 "八大特色"。"七个融合" 即医疗与科研融合、医院与公寓融合、中医与康复融合、技术与设备融合、面诊与远程融合、巡诊与健康管理融合、精神慰藉与营养配餐融合。"八大特色"包括医疗、康复、护理、感控、照护、心理、营养、急救。

（二）及时提供医疗和照护服务

医院为老年公寓配备高年资的医护人员，24小时负责老年患者服药到口，导管维护等基础护理；陪同老年患者户内外活动、洗脚、洗衣等，老年患者满意度达到100%；老年患者在公寓一旦突发急症，医护人员4分钟可达急救现场，采取先检查后入院的方法，开通绿色通道，需住院的老年患者立即启动医保。同时对每位入住的老年患者建立医疗电子档案。为公寓每位老年人配备了专职营养师，根据病情需要及饮食习惯计算日需热量，制定个案配餐食谱。为管饲老年人特制营养匀浆。对焦虑、抑郁、孤独、自闭的老年人，提供心理疏导和治疗。为乐观、自理老年人，组织多样化的颐养活动，实行贯穿生命全程的人文关怀。

2019年5月，在沈阳市卫健委的大力支持下，本院正式与解放军总医院合作，建立"解放军总医院远程会诊中心"，成为全国首家与解放军总医院建立远程医学联系的民营单位，实现了"临床共享、专家共享、科研共享"。目前除解放军总医院医疗专家远程会诊外、同时可在网上预约301医院就诊、网上办理住院手续等，为就医患者带来极大方便，这也有利于沈阳医养结合服务范围拓展和服务模式创新。

三、服务成效

建院以来，出院患者18722人，平均年龄为72岁；老年公寓入住734人，平均年龄为80岁；现有百岁老年人8人，最大年龄为105岁；抢救重患1093人，成功率为81.15%。

2018年6月，中国老年医学会授了医院为"医养结合示范基地"，2019年5月在成都召开的"第五届中国老年医学与科技创新大会"上再一次向全国推广本院的"院中院"模式。

2019年，李杰董事长、章亚非院长率团赴联合国考察访问并参加世界卫生组织座谈会，参加世界卫生组织2020-2030年全球老年人健康发展计划活动，并成为联合国全球代理商会员单位，通过该平台可以接待国际患者和开展国际交流。

第二节　沈阳市安宁医院医养结合"安宁模式"

一、基本情况

沈阳市安宁医院暨沈阳市第二精神卫生中心，沈阳市中西医结合精神卫生中心始建于1972年。现有编制床位700张，本院临床科室包括精神科、心理科、老年病科共17个病房。2018年，本院联合3所市属三级医院在沈阳市卫生健康委的领导下，成为中国沈阳医养结合联盟发起单位之一。医院成立了医养结合中心，设有6个病房，分别有老年病房2个、中西医结合病房3个和安宁疗护病房1个，设置床位150张。另外，医院有4个中心，即物理康复治疗中心、心理康复治疗中心、老年康复治疗中心3个康复中心和1个老年服务中心，为医养结合中心提供服务。

二、特色经验

本院作为精神心理专科医院，将医养结合的服务对象定位为"失智及失智伴失能和部分失能老年人"，在医养结合实践中坚持以"治疗与康养并重"的医养理念。

（一）诊疗特色

打造中西医结合重点科系，研究生约占30%，年轻职工约占全院职工60%以上。根据老年人辨证论治特点遣方用药，做到"一人一方一特色治疗"，开展五音疗法、针灸、推拿、按摩、刮痧、艾灸、穴位贴敷、中药熏洗、传统膏方及汤剂等中医诊疗技术。帮助患者调节身体状态，延缓功能缺失。在改善阿尔莫兹海默病老年人认知功能方面，充分发挥中医治疗优势。应用头皮针配合电针进行治疗，根据辨证论治结果选择相应穴位，改善患者认知功能。在老年人肢体康复方面，应用针刺治疗、电针治疗、刮痧及拔罐治疗，通经活络，改善患者的肢体功能，促进患肢肌力的恢复。老年人常见的腰椎病、颈椎病、风湿骨病等，除了给予拔罐、热疗、磁疗、刮痧、中频、中药离子导入等物理疗法外，还根据辨证论治结果给予中药汤剂治疗；将中医药养生保健及"治未病"理念融入老年医养结合治疗全过程，改善老年人气血亏虚、阳气不足等引起的食欲不振、气短乏力、便秘汗出等不适症状。

本院制定了多学科整合管理的制度、职责、工作流程，病历中有多学科讨论记录，评估结果与干预计划相符。门诊有专职人员进行评估和登记，各项量表和器具齐全。病房开展老年综合评估工作，病历中有老年综合征诊断、量表依据和干预计划；有老年综合征的出院指征与延伸服务指导。制定跌倒、阿尔莫兹海默病、营养不良、噎食、压疮等老年综合征和常见问题的管理指南，及糖尿病、中风、冠心病、心脏衰竭、慢性阻塞性肺部疾病等自评手册要求的老年常见病诊断标准及处理指南。

（二）护理特色

本院实施精细化的护理分类，专职责任落实，实现365天24

小时的全程看护和全方位护理。护理团队由护士、心理咨询师、照护师、护工4个部分组成，其中专业护士222名，照护师43名，护工56名。本院提供优质的保障机制和激励机制，促使护理团队人才年轻化。

护理人员采用了生活护理、相关疾病护理及心理护理三重服务方式，为老年患者进行衣物整理、身体清洁、翻身叩背、辅助进食、搀扶如厕、卧床老年患者排泄照护、义齿清洁与管理、肢体功能康复锻炼、提供舒适整洁的生活照护等服务。

护理人员经常陪同老年人外出活动，呼吸新鲜空气，沐浴温暖阳光，充分感受大自然的氛围，并不定期举办各种文娱活动，为老年人集体过生日等，丰富老年人的住院生活，感受如家般的温暖，强化老年人的动手能力、思维能力、情感活跃能力，充分体现了医院的人文氛围与关怀。

（三）服务特色

本院成立老年服务中心，提出"我们做您所想的，您想的我们来做"服务理念，对老年患者提供优质服务，内容包括为老年患者提供星级护工服务、义务网上代购生活用品、开展老年病科业务咨询、护理等级评估督导、健康宣传教育、居家护理指导、回访等服务。

本院与社会各界进行紧密沟通，利用线上、线下等形式开展健康宣传教育，把健康送进机关、企业、学校、社区、农村等基层组织。2019年共完成56场健康大讲堂，参加美丽乡村建设活动8次，走访社区、派出所280家，累计宣传覆盖人口超过200万。

针对老年人胃肠功能减弱，消化系统功能较差，加之神志病患者多伴有食欲差、进食少等情况，本院为患者制定标准化的营养餐食，提供科学化饮食指导，制作"蒸""炖"等易于消化的菜品。

（四）环境特色

本院拥有宜居的花园式环境，优质的人文环境；制作医养结合相关文化墙及展板，宣传医院尊老、敬老、爱老文化，宣传"敬老从心开始，助老从我做起"理念。在门诊大厅、各楼层、医技科室门口等醒目位置本院设有针对老年患者的就医指导宣传。

本院环境舒适安全，拥有高清数字化监控系统，共设置监控点位188个；对重点区域、部位实现全部视频监控"全时可用"，同时在科室内部设置30个模拟信号监控，实现360°室内外、院区监控全覆盖，达到安全"双保险"，为老年患者提供充分的安全保障。

三、人才培养

本院十分重视医养结合人才培养。2018年本院举办了《医养结合理论与实践创新发展暨医养结合模式国际专题研讨会》，邀请国外专家讲学；并与美国加州佛立蒙市签订医养结合合作协议；2018年医院成为医养结合联盟照护人员培训基地。

2019年2月23日沈阳首届全国老年照护师培训班（全国第2期培训班）在沈阳市安宁医院开课。培训班为期3个月共480个学时，分为理论学习、实操训练和临床见习。来自沈阳医养结合联盟15家医养结合试点机构的100多人参加了此次培训班，本院有37人获得"老年照护师"证书。2019年10月，本院被国家老年疾病临床研究中心（解放军总医院）批准为老年医疗照护培训基地。

第三节　中国医科大学盛京医院"安宁疗护盛京模式"

安宁疗护关乎患者的生命质量，关乎医学的价值取向和社会的文明进步，是一个重要的民生问题，近几年已成为国家健康事业发展的热点领域。辽宁省和沈阳市积极响应国家号召，在政府领导下开展了安宁疗护的专业化普及、规范化管理和督导工作，旨在逐步解决社会认知度低、安宁疗护服务供给不足、专业队伍薄弱、政策支持不够等问题。依托已有近20年安宁疗护临床经验、具有坚实的理论和实践基础的龙头单位——中国医科大学附属盛京医院，组建了安宁疗护专家组，确立了17家省级、13家市级（沈阳市）试点机构，形成了富有本土特色的安宁疗护"盛京模式"。

一、基本情况

中国医科大学附属盛京医院是一所大型综合性现代化、数字化大学附属三级甲等医院，提供从辅助生殖到临终关怀全生命周期的医疗健康服务，以精湛高超的医疗技术和齐全完善的学科特色闻名。本院始建于1883年，以"医施天下，德承百年"为院训，将浓厚的人文情怀融合于精湛的医疗技术中。

本院高度重视安宁疗护的发展，早在2001年就与李嘉诚基金会合作，成立了东北地区首家宁养院，为贫困的晚期癌痛患者免费提供家居服务，实施了"身心社灵"全面照顾。结合国内和港台地区的成熟经验，本院于2008年开设宁养病房，2009年开设宁养门诊，逐渐形成人员设备配套健全、疗护经验先进丰富、与国际接轨的一体化服务模式，持续开展国内外学术交流和实践经验分享。19年来，盛京医院为辽沈地区安宁疗护事业做出了突出贡献，为6000余名居家和4000余名住院的临终患者提供了专业照顾。

宁养病房拥有一层独立的空间，设有20张病床，病房环境温馨、有内涵。本院精心打造了由5个功能区组成的"生命之光花园"，将温暖、关怀、平静和尊严带给患者及其家属。逐步打造出一支共有7名医生、10名护士，2名专业心理咨询师、1名医务社工师及其社会服务团队和200余名志愿者的专业团队。团队成员均接受过不同程度的国内外专业培训。

二、核心内容

培训与实践齐抓，理念与技术并重，以具有19年安宁疗护理论与实践丰富经验的盛京医院为培训基地和中心，带动全省各级各类机构，为生命末期患者提供"规范化、专业化、系统化、精准化、网络化、同质化"的整合照护体系。

核心内容如下：

1.重培训、育人才、宣理念、学方法、强信心。

2.勇实践、重行动、摸规律、找不足、定规范。

3.严管理、跟政府、靠专家、严督导、勇创新。

4.兴人才、重医生、强护理、懂心理、涉社工。

5.求发展、扩区域、倡同步、创模式、建网络。

三、特色经验

"安宁疗护盛京模式"是在辽宁省和沈阳市政府主管部门的大力支持和倡导下逐渐形成，是在实践过程中逐渐完善的。自2018年4月开始，沈阳地区安宁疗护工作以"盛京模式"为指引，在政府、专家和试点机构的共同努力下，逐步形成了安宁疗护的"沈阳样本"，并逐渐推向全省。

（一）核心明确

本院注重夯实基础和不断精进专业化水平，经过多年的努力实践和探索，为患者提供了内涵丰富的专业化整体照护，在癌痛、心理、灵性照顾、社会支持、营养、医学人文等方面累积了丰富的经验，并积极与专业组织、机构、专家交流学习，多方寻求资源、搭建平台，成为全国难治性疼痛规范化诊疗示范基地、全国青年文明号、辽宁省生命关怀协会挂靠单位、辽宁省安宁疗护培训基地、沈阳地区国家级安宁疗护指导中心、沈阳地区缓和医疗专科护士培训中心。同时开展形式多样的培训和活动，帮扶省内外安宁疗护的专业发展。

（二）团队专业

厚积薄发，通过体系化的标准专业培训建立优秀的专业队伍，以盛京医院为总设计师，以重医生、强护理、懂心理、涉社工为总策略。

1.盛京医院的人才培养成果。自2008年开始，盛京医院在中国医科大学开设《姑息医学》选修课，每年1~2期，每次60~100名学生；自2016年开始为在校大学生做生死教育和尊严死的讲座；自2010年开始，宁养病房连续开展每年1期的国家级继续教育安宁疗护培训项目，每期学员200~400人，为学员们带来关于癌痛规范化诊疗、肿瘤营养、症状控制、心理疏导、灵性照顾、社会支持、法律法规、医学伦理等方面的专业化培训；每年的世界安宁日期间，在高校、社区、养老院、医院等地组织开展形式多样的纪念活动。作为中英联合全民生命末期品质照护培训师，王玉梅主任于2017年在本院培养出7名优秀的学员。在此基础上，于2018年开展了辽宁省首届缓和医疗专科护士培训项目，制定出系统的招生方案、课程体系和考核办法，为内、外、妇、儿、急诊、ICU、肿瘤等专业培养出64名合格的缓和医疗专科护士，并在各自的领域发挥积极的引领和示范作用，帮助重症和临终患者有尊严、少痛苦地离世。

2. 辽宁省安宁疗护培训。 2018年，受辽宁省卫生健康委的委托，本院宁养病房组织开展省级安宁疗护专业培训，聘请国内安宁疗护领域10余名知名专家亲临现场授课指导，为试点机构的100名学员提供了初级、进阶和高级3个等级为期3个月的培训。培训既有完整的理论知识，又有丰富的实践经验，使学员们获得系统全面、团队同步、实践反思、学以致用的专业技能。

3. 沈阳市安宁疗护培训。 2019年，受沈阳市卫生健康委的委托，本院宁养病房组织开展安宁疗护专业培训，共招收来自试点机构和省内外的400余名学员，20余位省内外授课专家为学员系统讲授安宁疗护的理论和实践，为沈阳地区安宁疗护试点机构的落地实施奠定了坚实的基础。

（三）区域联动

以沈阳市安宁疗护试点机构为主要力量，搭建安宁疗护医联体平台，通过专业化培训和指导实现异质同构，在沈阳地区实现安宁疗护的"同质化服务"，从而实现各级机构间上下联动。通过远程会诊、到院会诊等方式指导和交流。其中，经过3年努力，本院与和平区北市社区卫生服务中心携手打造出三级医院与社区医院上下联动，实现了同质化服务"样板间"的做法，受到各级政府和试点机构的高度评价，成为各试点机构学习的典范。

区域联动的原则：①知行合一，倡导在实践中学习理论，摸索经验。②合而不同，因地制宜，鼓励开展不同形式的安宁疗护实践。③追求卓越，紧跟政府和标杆单位步伐。④严格管理，跟政府、靠专家、严督导、勇创新。

（四）标准规范

以政府为主导，依托安宁疗护试点机构专家组，制定涵盖机构设置、进入标准、出院标准、转出标准、会诊流程、管理制度等内容的安宁疗护规范地方标准。

（五）政策支撑

探索安宁疗护医保政策改革、医养结合与安宁疗护同步发展的策略等，切实保障区域内安宁疗护机构开展工作。

第四节 "安宁疗护盛京模式"在社区卫生服务中心的实践

一、基本情况

沈阳市和平区北市社区卫生服务中心又名和平区惠民医院，医院建筑面积5670平方米，核定床位100张，实际开放70张。现有职工156人，下设1个八经社区卫生服务站，承担着北市、八经两个街道办事处，13个社区11.5万常住人口的公共卫生和基本医疗服务。医院设有全科(内科、外科)、妇科、眼耳鼻咽喉科、口腔科、中医科、康复中心、检验科、放射线科、妇儿保、计免科、中医病房、内科病房等34个科室。中心于2017年4月，开展了安宁疗护服务。

中心的内科病房共有54张床。其中，在6楼的26张床从事安宁疗护服务，病房共有9名医生，13名护士，根据入院患者的情况进行动态排班。通过团队服务的模式对疾病终末期患者积极评估，控制临终前不适症状并对心理、社会和精神问题予以重视，提供"全人、全家、全队、全程"的四全照顾。

二、服务特色

开展安宁疗护的病房不同于普通病房，其房间布置既要温馨又要满足医疗需求。目前中心有13个病房，每个房间有两张床，均为带有独立卫生间，相对安静优雅，床单被罩均是淡雅的花色，病房内放有绿植、挂画，尽量让患者心情愉悦，有如家之感。在走廊的墙壁上还粘贴有许愿树，患者和家属可以把愿望写在上面，表达自己的心声。

在病房还设立了一个单独的房间——暖心坊，专门为患者家属提供心理疏导，对患者和家属进行临终教育，告知他们生老病死是一个自然规律，无痛是患者的基本权利，不要把忍受疼痛看成是肿瘤末期理所当然的事。尽量减少医护人员对患者不必要的干扰，让患者舒适地和家人一起享受最后时光，不再进行任何无意义的抽血化验和有创治疗。患者离世后，还要视情况为其家属进行哀伤服务，让他们尽早摆脱失去亲人的痛苦，积极乐观地面对自己未来的生活。

安宁疗护的治疗原则是维护生命，把濒死认作正常过程，不加速也不拖延死亡，减轻疼痛和其他痛苦症状，为患者提供身体上、心理上、社会上和精神上的支持直到患者去世，在患者重病及去世期间为家属提供哀伤抚慰和其他帮助。安宁疗护是一个专业性很强的学科，为了转变医护人员的工作理念，把安宁疗护工作做得专业、做得有基层社区卫生服务的特色，中心首先从培训开始做起。中心组织领导班子和全体中层干部到中国医科大学盛京医院宁养病房参观学习，对安宁疗护有直接的感受；请盛京医院的宁养病房主任到中心为全院职工进行培训，补上生命教育的课程；派医生和护士到盛京医院宁养病房短期进修学习，了解安宁疗护从哪做起；选派优秀的医生护士参加省安宁疗护专业培训，并取得安宁疗护上岗证书；请王玉艳主任不定期的指导，不断完善工作，获得团队前行的动力。

三、服务成效

班某是中心舒缓病房的第一批受益者，她因脑胶质瘤入住本院。开始时她情绪低落，拒绝去医院手术治疗，唯一的愿望就是减轻头痛症状。根据班某的实际情况，中心给予间断性应用甘露醇、激素等对症治疗。慢慢的，她的头痛症状得到了明显缓解，还能下地自己行走，食欲也较入院前有了明显好转。经过8个月的悉心治疗和照顾，班某最后安静地离开了。临终前，她说："刚诊断出恶性肿瘤的时候，医生说我即使手术也活不过半年；而20年前，和我患同种病的姐姐，是手术后卧床昏迷6个月离世的，如今我已经活了8个月，而且很有生活质量，我非常知足了。"

赵某在常规体检时发现肺部病变，经过辗转多家医院，最后诊断为小细胞肺癌，并发现骨转移和脑转移，医生建议保守治疗。刚到中心时患者身体极度虚弱，通过沟通发现赵某是个非常乐观的人，对自己的疾病也有一定认识。"医生说我最多能活1个月，我心里有准备，但我姑娘还有两个月就生娃了，我真希望能活到那一天。"为了尽最大的努力，延长患者的生命，实现患者的愿望，中心组织了病例讨论，着重解决患者的主要问题。患者由于疼痛在家口服止痛药效果不佳，食欲下降，体力逐渐透支。入院后，中心逐渐调整吗啡止痛药剂量，并予以营养支持治疗。1周后患者疼痛完全缓解，进食明显增加，说话声音也变得洪亮了。1个月后，患者出现了嗜睡症状，并且说话吐字不清，间断呕吐，考虑到患者脑转移出现了颅高压的表现，中心予以甘露醇对症维持。3天后患者神志转清，说话也流利了。他笑着说，看来我还能挺到当姥爷的那一天。当知道孩子顺利出生的消息后，赵某高兴得合不拢嘴，他又提出了希望能看小外孙一眼的心愿。就这样，全科室医护人员尽最大的努力，精心调整治疗方案，直到小外孙满月之后的 4 天赵某离开了。

中心为许多癌症晚期患者缓解了疼痛症状，让患者的生命更有尊严，也帮助许多临近生命终点的患者学会"四道人生"，与生命达成和解。截至 2019 年 9 月，中心共接收安宁疗护患者 303 人次，有 97 位疾病晚期的患者在中心走完人生的最后旅程。

四、特色经验

（一）积极参加专业培训

借助中国医科大学盛京医院宁养病房的专业优势，积极参加该院组织的各种专业培训、选派人员进修学习，获取开展安宁疗护的专业技能。并与中国医科大学附属盛京医院成为难治性疼痛规范化诊疗联合体医院。2019 年 4 月，中心与中国医科大学附属盛京医院实现了上下转诊，并邀请盛京医院宁养病房的专家来本院查房，真正实现了医联体区域内上下联动、同质化的医疗服务，形成了安宁疗护联合体，为沈阳地区国家级安宁疗护试点打造了可复制推广的"样板间"。

（二）充分利用医疗资源

本中心将安宁疗护的理念和临床工作相结合，无论是在家庭医生签约服务中，还是各种健康教育工作中，都将安宁疗护的理念融入其中，告诉签约的患者和家属有选择安宁疗护的权利，中心能够提供哪些安宁疗护服务，使前来就诊的患者首先受益。在满足基本治疗和基础护理的基础上，中心开展舒适护理、灵性照护，建立了灵性照顾小组，了解生命末期的患者生理、心理、社会及家庭背景，了解他们的灵性困扰和需求，尽自己所能实施有效的帮助。

（三）安宁疗护是不能或缺的一程

社区卫生服务中心是居民身边最近的医院，也是居民最熟悉的医院，在实现全人群全生命周期照顾的同时，安宁疗护是无论如何都不能或缺的一程。中心在慢性病治疗、中医、康复和理疗上能够提供的服务更方便、更有特色，更受患者欢迎。希望能让更多的民众了解安宁疗护理念，有更多的基层医务工作者参与到安宁疗护工作中，有更多的社工、志愿者加入灵性照顾的队伍中。希望社会各界给予社区卫生服务中心更多的有力支持，让更多的生命带着尊严与幸福谢幕。

第五节　辽宁省残疾人服务中心"医养康护"新模式

一、基本情况

辽宁省残疾人服务中心（辽宁省友谊医院）隶属于辽宁省残疾人联合会。1992年成立，是集医疗、康复、养老为一体的公益性事业单位，三级康复中心，二级医疗机构。以"大爱生命，精诚康复"为服务理念，以加强残疾康复为服务宗旨，积极探索老年人、残疾人医、养、康、护的全新路径，为医养结合的实践奠定了基础。

（一）良好的基础设施

服务中心分支机构康复中心坐落于风景秀丽、翠柳成荫的万柳塘湖畔，占地1.5万平方米，建筑2.2万平方米，职工300余人。设床位220张，其中医养结合床位60张。拥有先进的康复治疗设备，为老年人提供全方位、一站式的"医养康护"服务。居住环境舒适，有中央空调、液晶电视、无线网络信号覆盖，有图书室、书画室、阳光娱乐棋牌室等。

（二）全新的规划理念

"医养康护"在传统的生活护理、精神心理、老年文化服务的基础上，更加注重医疗康复保健服务。"医养结合"的"医"不等同于医院，主要包括3个部分：①急救医疗。设置急救设施或120急救车，与三甲医院合作开通急救绿色通道，让老年人在身体出现异样时得到及时的救助和治疗。②健康管理。也是"医养康护"服务模式的核心价值所在。③康复护理。"医养结合"的服务对象重点面向患有慢性病、易复发病、大病恢复期、残障以及绝症晚期老年人，提供"医养康护"一体化服务。

（三）专业的人才队伍

医养中心由医生、护士、治疗师、营养师、照护人员等专业的医、养、康、护团队组成。对老年人的起居和饮食、心态与健康进行全方位监测、照护、康复和治疗，实现急救医疗、慢病照护、健康咨询、零距离住院、即时康复、实现医养无缝对接，全天候24小时为老年人提供优质的服务。

（四）完善的管理模式

服务团队规范化、年轻化、专业化，通过提供高起点、高标准、专业化的优质服务，实现环境优良化、服务贴心化、康复规范化、护理亲情化、后勤服务人性化，科学合理营养配餐，努力建成医、康、养、护于一体的公立性医养结合服务中心。

二、服务特色

根据服务中心业务情况，结合老年人需求，在开展医养结合工作中，不断完善机构设置、服务体系等，具体做法如下：

（一）完善机构设置

服务中心成立"医养结合"领导小组，聘请沈阳市卫健委医养结合处徐卫华处长为高级顾问；制作"沈阳市卫健委医养结合试点单位"牌匾，挂牌面向社会服务。

（二）健全服务体系

成立"医养结合中心"，起草制定"医养结合"各项管理制度、岗位职责、服务流程、应急预案及服务质量标准等，为科学化、规范化、专业化管理夯实基础。

（三）合理的功能区域划分

①接待评估区负责医养中心老年人的接待，对其身体、精神、心理健康状态做初期评估，确定护理等级，建立入住档案。②医疗区依托本院专业的内科医疗队伍、先进的医疗设备，完善的病房设施，为老年人提供基本医疗保障。③康复区为老年人提供身心康复治疗。④餐饮区为老年人提供营养配餐服务。⑤娱乐活动区提供老有所学老有所乐的场所和服务，包括图书馆、阅览室等文化娱乐等需求。

（四）规范的病房管理

病房按"3个模块"管理：健康服务、慢病管理、安宁疗护。为老年人提供个性化的医疗康复护理服务，以医助养，以康助养，以护助养；提供日常照护、慢病干预、康复治疗、临终关怀，用生命温暖生命的高品质服务，真正解决老年人养老最后一公里难题。

（五）加强团队体系建设

加大对医生、护士、康复师、营养师、照护人员等专业人员的培训力度，采取"外引内育"模式，参加各级各类业务培训，到先进单位参观学习交流等方式，加快形成医养结合的综合服务体系建设。

三、服务成效

开展残疾人养老服务，制定优惠政策普惠残疾人。通过大数据掌握残疾人养老第一手资料，开展残疾人"医养结合"工作。为残疾人和社会上有养老需求的老年人提供高品质、高效率、优质的医养康护服务，体现服务中心服务社会、服务残疾人的公益性和服务性职能，打造行业品牌。开展对老年人的健康教育宣传、科普讲座，建立慢病档案，针对健康咨询、中医慢病干预等进行老年特色管理，收到良好效果，展现出康复医疗机构开展医康养护新模式的优势和前景。

（一）"康助养"服务

王某某，患有脑梗死、冠心病、高血压多年，左侧偏瘫，行走困难。老年人刚入院时，医生对老年人进行自理能力、认知、心理及风险评估，确定护理等级，制定出个性化康养方案，医护人员每天早晚血压监测和诊查探望，时刻掌握老年人健康情况；全方位照顾，康复师每天指导老年人肢体功能康复训练；心理咨询师的认知行为治疗使老年人心情愉快，血压稳定；护士与护工亲情服务，以上全方位的照顾，老年人肢体活动功能很快得到有效改善。

（二）"零距离住院"服务

对于失能、部分失能老年人，医疗是他们养老生活中最大的困惑。王某某，82岁，患有高血压、冠心病、脑梗死10余年。入住中心后数次发病，每次医护人员都会第一时间到场，及时诊断，采取相应的治疗方法，一次又一次将他从死亡边缘抢救回来。医务人员的言行举止践行了医者仁心的职业道德，同时感到"医养结合床位"从根本上解决了老年患者的住院医疗、养老问题。

（三）"治疗与安抚"结合

每周安排丰富多彩的活动，如唱歌、健身、出游等。组织科普讲座，让老年人老有所学、老有所乐，营造融洽的集体氛围，让每一个老年人都感受到健康和快乐。刚入住的老年人，因在家缺少与其他人交流，会有孤独感。入院后，心理咨询师进行心理疏导，使其对生活充满希望。这里每位医护人员和工作人员脸上都充满了善意的笑容，让老年人切实地感受到被社会的关心和关爱。保证老年人有尊严、有品质的生活，是医养结合工作服务的宗旨。在辽宁省残疾人服务中心的科学管理下，辽宁省残疾人康复中心解放思想、大胆创新，开展以医助养、以康助养、以护助养的"医养结合"服务工作，全面提升服务水平，形成公益服务与市场化运作融合发展的业务格局，体现出政府惠民、利民、服务于民的公益性特点，实现了康复医院承载民生的重要职责。在沈阳市卫健委医养结合处的业务指导下，辽宁省残疾人康复中心将快速推进"医养结合"服务项目，加快康养基地建设，开拓业务格局，为沈阳市残疾人和有需求的市民提供"医康养护调"五位一体的医养结合综合服务。

第六节　沈阳市德济医院医养结合中心的"复合模式"新尝试

一、基本情况

沈阳市大东区德济养老中心位于沈阳市大东区滂江街54号，使用面积4861平方米，总投资500余万元，开设床位330张。

二、服务特色

（一）建立一站式老年门诊绿色通道

德济医院医养结合中心对入住德济养老中心的老年人，创建一站式老年门诊绿色通道，让设施符合老年人行动缓慢的特点，针对老年人群设立肿瘤、循环内、神经内、内分泌、康复、心理咨询、中医等以老年人常见病、多发病为主的诊疗诊室，诊室均由副高级职称以上医师出诊，并充分发挥专科门诊的保健、医疗、康复等功能，让老年人真正享受方便、及时、自然、和谐的就医环境。

（二）组建优秀管理团队

德济医院医养结合中心管理团队由长期从事医院管理的专家和具有丰富老年人管理工作经验的团队及医护人员和经过专业培训的护工团队组成。他们对入住老年人进行全方位服务，服务人员恪尽职守，团队工作由主任统一调配，遇有行动不便、病情危重的老年人，护士站发出呼叫，各方面医护人员及时到位，从而避免老年人就诊时间过长的情况。

（三）建立健全严格的管理制度

管理制度的建立使每位员工入职前就进行职业道德教育和服务技能培训，牢牢树立护工的慎独精神，爱岗敬业精神和护理职业道德规范。把服务质量与他们的工资收入挂钩，奖惩分明，不断增强团队的凝聚力、感染力和指挥力。

1.查房制度。医生、护士每天到床前查房，及时了解和掌握老年人的动态变化，身体不适随时看护，并指导用药；对老年人存在的心理情绪变化，做好心理疏导、并给予关心关怀和心理安慰。

2.培训制度。定期对老年人进行健康宣传教育和义诊，建立健康档案，进行护理评估；为失能老年人制定护理计划，以便对护工进行护理工作指导。

（四）完善医疗护理服务功能

对老年人的医疗护理服务主要体现人文关怀，因为关怀是护理的核心，关怀的含义为：关心、关爱、照顾、爱护、帮助、牵挂。这种关怀从老年人走进医院、走进养老中心直到临终整个过程中体现。

1.院护理。护士面带微笑，起立迎接老年患者，搀扶至病房，并送去第一壶开水，向老年患者介绍他的责任医生和责任护士。拉近与老年患者之间的距离。

2.晨间护理。采用湿式扫床法清洁并整理床单元，询问夜间睡眠情况或其他情况，了解功能恢复情况及活动能力，并协助老年患者洗漱、喂食等。协助卧床的老年患者肢体活动、翻身、叩背、口腔护理等。

3.晚间护理。整理床单元，协助老年患者洗漱、营造安静环境，对卧床的老年患者进行口腔护理等。

4.饮食的护理。根据医嘱给予老年患者饮食指导，告知其饮食内容；协助老年患者打饭，对不能自理的老年患者给予喂食、喂水；根据病情，观察老年患者进食后的反应。

5.排泄的护理。做好老年患者的失禁护理，及时更换潮湿的衣物，保持皮肤清洁干燥，每日会阴护理两次。

6.卧位护理。根据病情选择合适的卧位，指导并协助老年患者进行床上活动和肢体的功能锻炼；对卧床的老年患者要给予翻身、拍背、协助排痰，指导有效咳嗽；根据老年患者的生理、病理特点，尤其对卧床和临终关怀的老年患者，采用多功能护理床及搏动式气垫，预防压疮的发生。

7. 舒适护理。每周给老年患者剪指、趾甲一次；协助生活不能自理的老年患者更换衣物。保持适宜的病室温度，适当开窗通风，保持空气新鲜。

8. 安全管理。建立呼叫系统及PDA管理系统；按等级护理要求巡视病房，了解老年患者"九知道"；临终关怀患者和危重患者由护工专人护理，给予约束带、护栏等保护措施；外出检查，轻患者由护工陪检，重患者由医务人员陪检。

9. 康复指导。每科抽两名护士，经康复师专业培训，考试合格，成为本科室康复指导员。对老年患者做一些简单的肢体训练、功能训练及康复指导。需医疗器械辅助训练的，由护工陪同至康复中心，由专业康复师进行。

10. 出院护理。针对老年患者病情及恢复情况进行出院指导，如出院服药、饮食及功能锻炼等。护送老年患者至老年健康管理中心，由管理中心人员对出院的老年患者进行信息录入，建立老年患者出院后的健康档案，出院后随访及管理工作。形成从住院到出院连续全程的治疗和护理模式。

三、着力打造特色服务模式

创建德济医院医养结合中心服务模式。一方面培养自己的护工，掌握必要的护理知识，由住院患者及家属雇佣，为老年患者服务；另一方面可面向社会开放，制定出详细的制度，签订协议。在打造出品牌效应的同时，解决了许多老年人无人照料、无人陪护的难题，为德济养老中心护工培训基地建设打下夯实的基础。

德济医院医养结合中心在为老年患者和家属提供极大方便的同时，还做到了小病不离床、大病不离院。需要住院治疗的老年患者可以在自己房间采血、输液；需要做大型仪器设备检查时，有医护人员护送陪同。恢复期的老年患者，可以到康复中心进行康复训练等。

德济医院医养结合中心日常组织老年患者参加唱歌、跳舞、看演出、郊游、做健身操、书法、绘画、棋牌等娱乐活动，丰富了老年患者的文化生活。

针对老年患者的不同生活习惯，分门别类地配备可口的饮食；根据老年患者对食物的忌口进行合理的营养配膳。在各项服务中，定期收集老年患者和家属的意见和建议，不断提高服务质量，使老年患者有养院如家的归属感。

细微之处见真情，养老中心各楼层，尤其是卫生间内有防滑设施，走廊配有扶手，各种设施、设备的尖角都予以处理。专门为鼻饲老年患者配备了大型的食物打磨机，洗浴间内为卧床老年患者配备洗浴床，为自理老年患者配置防跌倒扶手、坐凳等。

四、服务成效

德济医院医养结合中心使老年患者充分体会到随时可以就医的安全感。房间内设有氧气袋、呼叫器，每天发现问题及时解决。在3年多的护理过程中，卧床老年患者无一例压疮发生。护工对卧床老年患者进行每天擦洗，每两小时翻身一次，并叩背协助排痰；对二便失禁的老年患者，及时清洗皮肤和更换污染的尿垫与床单；对入住老年患者自带压疮的状况进行评估，并采取的护理手段使之达到痊愈。

德济医院医养结合中心成立3年来，接收了来自沈阳地区的各方面自理、部分失能、失能老年人及临终关怀老年人共计近300人。中心的照护服务工作得到了社会各界人士的认可和好评，在沈阳市民政局养老机构星级评审中被评为四星级养老机构；同时，被沈阳市卫健委确立为沈阳市医养结合试点单位。

德济人以18项核心制度为指导,落实首诊负责制,严格执行疾病诊断标准,为老年患者提供及时准确的疾病治疗和适当、有效的康复治疗,并创建德济特色养老服务中心,以方便、快捷、温馨、周到的人性化服务为主体,开展养老院与医院"无缝隙链接"的就诊绿色通道服务;设立医养结合床位,从老年患者进入养老中心到走出养老中心,实行全程陪伴服务,充分体现养老中心医疗服务特色,让老年患者满意、让家属放心。

"以人为本、以民为根、以德济世、治病救人"是德济人的信念,为老年患者提供最优化的医养结合服务,切实解决老年患者的疾病和痛苦是德济人的宗旨。让老年患者"老有所养、老有所医、老有所学、老有所乐"是德济人的目标。

第七节 沈阳市职工康复医院"医康养护模式"

一、基本情况

沈阳市职工康复医院始建于1954年,是辽宁省和沈阳市工伤康复定点医疗机构、沈阳市医保定点医院。2019年在沈阳市卫健委备案设置医养结合服务中心,开展医养结合服务工作,在老年病康复治疗等方面积累了大量临床经验。

(一)良好的基础设施

医院坐落在浑南区天柱山脚下,与棋盘山风景区为邻,以浑河水为伴,占地总面积13.2万平方米,建筑面积3.2万平方米,医养中心建筑面积1.4万平方米,院内绿化面积6.5万平方米。设有养老楼和工伤康复楼,实现医疗和养老独立分区管理。

医院设110张医疗床位,200张医养结合床位,拥有多种先进的医疗、康复设备，依扎医院医疗平台，可为医养结合服务中心的老年人提供全方位的医疗服务。医养结合服务中心居住环境优越，三星级宾馆装修，中央空调24小时开放，房间内有卫生间、冷热水、液晶电视、无线网络信号覆盖，浴池、超市、图书室、书画室、康复训练室、阳光娱乐棋牌室、各种球类、象棋跳棋军旗、高级音响设备。

（二）专业的人才队伍

医养结合服务中心配有高水平专业的医养团队。现有医生、护士、康复师、护工、餐饮服务人员60余人，对老年人的起居和饮食、心态与健康进行全方位监测、调理、照护、康复和治疗，实现康养一体、慢病照护、零距离住院、床边门诊、即时康复、医养无缝对接，全天候24小时为中心老年人提供优质的服务。

（三）完善的管理模式

医养结合服务中心采用"医康养护"管理模式，实行一个法人、一套班子、财务分页管理制。服务团队采取规范化、年轻化、专业化的管理方式，通过提供高起点、高标准、专业的优质服务，实现环境优良化、服务贴心化、康复规范化、护理亲情化、后勤服务人性化，医、康、养、护四位一体的公立性医养结合服务中心。

二、服务特色

根据医养结合服务中心业务情况，结合老年人需求，在开展医养结合工作中不断完善机构设置、健全服务体系等，具体做法如下：

（一）完善机构设置

医养结合服务中心成立"医养结合"领导小组，聘请沈阳市卫健委医养结合处徐卫华处长为高级顾问，制作"沈阳市职工康复医院医养结合服务中心"牌匾，挂牌面向社会服务。

（二）健全服务体系

成立"医养结合"科室，起草制定"医养结合"各项管理制度、岗位职责、业务流程、应急预案及服务质量标准等，为项目科学化、规范化、专业化管理奠定坚实基础。

（三）规范病房建设

病房按"三个模块"管理：健康服务、慢病管理、安宁疗护。为老年人提供个性化的康复护理服务，以医助养、以康助养、以护助养，提供日常照护、慢病干预、康复治疗、临终关怀，用生命温暖生命的高品质服务，真正解决老年人养老最后一公里难题。

（四）完善团队建设体系

加大对医生、护士、康复师、护工、营养师等专业人员的培训力度，采取医院内培和外派，参加省、市业务培训，组织到先进单位参观学习，加快形成医养结合的综合服务体系建设。

三、服务成效

建立沈阳市劳模急诊、急救网络体系。全市劳模有8000多人，现约20%人进入老年群体。为保障这一特殊群体的养老问题，医养结合服务中心制定全市劳模健康养老信息数据采集方案，建立沈阳市劳模急诊急救网络体系，采集的70岁以上劳模老年人健康养老情况，建立全市劳模健康管理数据库，随时为老年劳模提供日常照护、慢病管理、康复治疗、临终关怀等服务。

开展劳模养老服务，制定优惠政策普惠职工。通过数据调研

掌握劳模养老第 于资料，适度开展劳模医养工作。对劳动模范、"五一劳动奖章"获得者、持工会会员卡职工的双方父母、曾在工会工作的离退休老干部采取"医养结合床位"优惠政策。为劳模和社会上有养老需求的老年人提供高品质、高效率优质的医康养护服务，体现工会服务社会、服务职工的公益性和服务性职能，打造行业品牌。

近年来，医养结合服务中心对入院老年人开展健康教育宣传、建立慢病档案、科普讲课、免费体检、中医慢病干预等老年特色管理，收到良好效果。展现出康复医院开展康养项目的优势和前景。

（一）"康助养"服务

蒋某（部分失能），72岁，患有脑梗死、冠心病、高血压多年；肢体平衡受限，行走困难。患者刚入院时，医生对其进行自理能力和风险评估，确定护理等级，制定出个性化"康养"方案，医护人员每天早晚血压监测和诊查探望，时刻掌握患者身体情况，护士与护工亲情服务，全方位照顾，康复师每天指导患者肢体功能恢复康复训练。使患者心情愉快，血压稳定，肢体活动能力很快得到有效改善。

（二）"零距离住院"服务

对于失能、部分失能及重患老年人，医疗是养老生活中最大的困惑。杨某（部分失能），82岁，患有高血压、冠心病、糖尿病、腔隙性脑梗死10余年。入住医养结合服务中心后数次发病，每次医护人员都会第一时间到场，及时诊断采取相应的治疗方法，一次又一次将患者从死亡边缘抢救回来。医务人员的言行举止践行了医者仁心的职业道德，"医养结合床位"从根本上解决了患重症老人住院医疗、养老问题。

（三）"治疗与安抚"结合

医养结合服务中心每周安排丰富多彩的活动，如唱歌，集体健身、出游活动。每周组织科普讲座，让老年人能够老有所学、老有所乐。让每一位老年人都非常健康和快乐。刚入住的老年人会比较孤独，入院后医生为他们进行心理疏导，使他们对生活充满了希望。这里每位医护人员和工作人员让老年人切实地感受到被社会的关心和关爱。通过组织各种活动，使老年人保持开心、快乐。

在沈阳市总工会的科学管理下，沈阳市职工康复医院解放思想、大胆创新，开展以医助养、以康助养、以护助养的"医养结合"服务工作，全面提升服务水平，形成公益服务与市场化运作融合发展的业务格局，体现出政府惠民、利民、服务于民的公益性特点，实现了康复医院承载民生的重要职责。沈阳市职工康复医院将快速推进"医养结合"服务项目，加快康养基地建设，为沈阳市劳动模范和广大市民提供"医康养护"四位一体的医养结合综合服务。

第八节　沈阳二四二医院医养结合新探索

一、基本情况

沈阳二四二医院始建于1954年，是一所集医疗、教学、科研、康复、预防为一体的大型三级综合类医院。该院在各级政府及卫生健康部门的指导下，于2018年1月1日成立医养结合部；2018年4月1日成立老年病科，成为沈阳市首批医养结合试点单位，同时加入中国沈阳医养结合联盟。

截止到目前医养结合部共入住老年人100余人，老年病科共收治患者1500余人,做到了"二位一体"即慢性病防、治、管整体融合发展,实现医防未病、医养结合。

(一)良好的基础设施

医院占地面积8.0万平方米,建筑面积6.3万平方米。有临床一级诊疗科目22项,临床二级诊疗科目48项;医技一级诊疗科目3项,医技二级诊疗科目12项;编制床位770张。

医养结合部老年病科位于医院的东南部,是一个相对独立的空间,楼体两层,建筑面积3500平方米,床位百余张。室外有花园、凉亭、观鱼池、功能健身区、蔬菜生态园;室内分为医疗区域和养老区域。医疗区域设置医生办公室、护士办公室、护士处置室、普通病房、抢救室;养老区域设有接待室、护理员办公室、养老房间、洗衣房、洗浴室、阅览室、活动室、开水间、娱乐活动中心、休闲区;其中每间养老房间配备衣柜、电视、冰箱、热水器、空调、卫生间、鞋柜、洗漱间、安全扶手等生活及医疗必须设施,为居住老年人提供了温馨、干净、整洁的居住环境;同时配备电梯1部,中心呼叫系统,中心供氧等设施,以及整套医疗团队,及时为居住老年人提供医疗服务。

(二)专业的医疗护理团队及先进的各项设备

医疗护理团队由9个资深的专业人员组成。设置专门的医疗区域:医生办公室、护士站、处置室、医疗设备、抢救设备、抢救药品、常规配备药品;医院设备先进的各项设备;每天医护晨晚间查房,每日测两次血压、协助运动、督促服药等,随时住院,防未病,24小时提供优质服务。

(三)完善的管理模式

医养结合部采取医养结合床模式,充分发挥医疗机构的专业优势,提供统一管理运营、统一资源配置、统一服务内容、统一标准规范、统一信息平台的医养结合服务，逐步实现规模化运营。

二、服务特色

（一）完善机构设置

医院成立医养结合领导小组。在院长的领导和指挥下，由主管副院长亲自主抓医养结合工作，医养结合部由科主任负责具体工作。工作层层落实，以点带面，面向沈阳北部地区开展医养结合服务工作。

（二）健全服务体系

建立健全各项养老规章制度（岗位职责、应急预案、消防、食堂等管理制度）；制定生活照护级别，建立健康档案；每半年做一次健康评估；建立护理员培训制度。

（三）规范病房建设

病房按两个模块管理：即养老健康服务区和慢病管理区。为老年人提供富足的物质生活，每周制定易消化、营养化、多样化（糖尿病、慢性肾病、消化性溃疡病等特殊饮食）的营养配餐。为老年人提供全方位的生活照料，鼓励老年人锻炼，进行慢病干预、康复治疗，让老年人做一些力所能及的活动。

（四）完善团队建设体系

加大医护、康复师、护理员、营养师的培训工作。采取医院内部培训和外派参观学习的方式，逐步完善科室的梯队建设。

（五）文化生活多姿多彩

每周五组织老年人唱歌、下棋。医院给每位老年人过生日，准备生日蛋糕、水果，医生、护士、护理员、其他老年人和亲属们共同唱生日歌，祝福他们生日快乐、幸福安康。社会各界组织志愿者经常来慰问、演出、帮助老年人理发，陪老年人聊大；每年开春组织护理员、活动方便的老年人在小菜园进行春播、春种活动。

（六）精神心理健康辅导

老年人初来经常会出现失眠、食欲下降、行为举止异常等情况，所以每月医院会按时邀请精神心理科主任做心理辅导，进行抑郁评估，舒缓不安情绪，让老年人真正体会到温暖和关爱。

（七）多学科会诊

大部分老年人患有多种基础病，如糖尿病、高血压、冠心病、陈旧性脑梗死、慢性肾脏病、慢性支气管炎、慢阻肺、消化道出血等，医院及时请专家会诊、协助诊治。

三、服务成效

陈某，女，82岁，于2018年5月入住。有陈旧性脑梗病史4年，左侧肢体活动不灵，近1年卧床，高血压病史4年，入住医养结合之前未系统监测血压及诊治。2018年6月4日突发高热，体温最高达38.9℃，脉搏110次/分，血压160/90mmHg，神清，急性病容，心率110次/分，律齐，腹软，双侧输尿管及左下腹有压痛。诊断为急性广泛性前壁下壁心肌梗死、心源性休克、急性肾盂肾炎、低钾血症、急性肾功能不全、尿潴留、代谢性酸中毒。当时病情危重，随时有生命危险，建议转入专科心内科或上级医院诊治均被患者拒绝，同时患者拒绝溶栓及心脏介入支架治疗。医院及时在养老床位启动医保转变身份成为老年病科患者，用硝酸甘油静滴、阿托伐他丁钙片、阿司匹林肠溶片、硫酸氢氯吡格雷片口服及低分子肝素钙皮下注射等改善冠脉供血、降脂稳定斑块、抗凝治疗，改善肾功能，纠正离子紊乱、代谢性酸中毒，抗感染，抑酸保护胃黏膜防止应激性溃疡引起的出血等综合治疗,患者度过危险期,治疗成功。

莫某,女,79岁,于2018年7月入住。既往有冠心病、不稳定性心绞痛病史10余年、高血压病史6余年、脑梗死病史3余年,处于卧床、鼻饲饮食、失语状态。该老年患者养老期间反复出现肺炎、上消化道出血、泌尿系感染等,在有效及时治疗后均有好转。

第九节　沈阳市精神卫生中心创建医养心灵港湾

一、基本情况

2018年底沈阳市老年养护中心二期正式投入使用,总面积为2.3万平方米,编制床位近400张,其中176张床位作为以医养结合为主要服务模式的老年养护中心,88张病床作为安宁疗护中心的服务科室。室外活动场所、停车场、绿色景观等设施一应俱全。

目前,病区医生5名,3名主任医师,2名主治医师,工作经验均在5年以上。护士12名,其中5名主管护师,病区设立护士长1名。医院与第三方物业公司合作,按照临床需求配备养老护理员30余名,均接受岗前培训、具备国家职业资格。为满足老年人全方位、多方面需求,医院配备药师1名,技师1名,临床营养师1名,康复治疗师1名。

病区应急设施、医疗设备齐全。有呼叫装置、给氧装置、吸痰装置、心电监护仪、脑功能治疗仪、认知功能治疗仪等。

病区管理制度健全、规范有序。严格落实18项核心制度,按照ICD-10诊断标准诊断并严把入院关;诊疗的执行严格规范,年初增加阿尔茨海默病的临床路径,更有利于规范开展诊疗行为;不断完善人才管理制度，每季度开展一次培训，并建立绩效考核制度，每季度对工作人员进行考核，以达到持续改进服务质量目的。

二、服务特色

"以医者的医疗专业技术，实现温暖周到的养护体验"是本院医养结合工作孜孜不倦的追求。"医"对于精神患者的诊疗和护理及躯体疾病基础的对症治疗、康复训练、大病干预等医疗技术服务是必不可少的。"养"对于精神残疾、失能、失智患者的养护，包括生理和心理的护理、用药安全、体重营养定期监测等服务是极为重要的。

（一）重视心理健康，提高生命质量

本院重视老年人心理健康，相关人员配备充足，能随时随地为老年人提供专业的精神专科诊疗以及个性化心理援助服务。

（二）无微不至的特色护理，关爱胜似家人

本院要求护士对老年患者病情、心理状态全面的掌握，为此对护理员进行专业的护理指导，包括进食方式及安全、睡眠的规律性安排、着装的适宜性等，确保给予老年患者如家人一般的关心和照顾。定时巡视，对老年患者的情绪及行为状态都进行了解并及时传达给医生，做到时时关爱老年患者的变化，不遗漏老年患者病情及心理波动。护士还会不定时对老年患者进行健康教育，解答老年患者对身体健康的疑问，从而扫除老年患者对疾病甚至死亡的过分恐惧。该院护理工作体现了多样化和个性化，并贯穿老年患者住院的全过程，时刻让老年患者体验到家一样的温暖和关爱。

（三）科学送别遗体，为生命饯行

本院除了在老年患者疾病终末期或临终前提供身体、心理、

精神等方面的照料和人文关怀等服务外，还设置了关怀厅，即在老年患者于病房内逝世后，将遗体移至关怀厅内。在遗体转至下一地点前，给家属提供更好的空间与其进行最后的道别。另外，在家属同意的前提下，病区全体医护人员会共同送别老年患者，帮助其舒适、安详、有尊严地离去。同时，将逝世老年患者移至关怀厅也有利于稳定同病房内其他老年人的情绪和心理状态。

（四）二十四孝文化连廊，文化的熏陶

本院在医养结合病区的墙面上，不仅展示医疗制度、医学知识，还将二十四孝的内容展现在病区进出必经的长廊之处。每当家属来访都能经受文化的洗礼，提醒自己时刻不忘行孝的"初心"，老年患者平时看到长廊，也会倍感温暖。

（五）多元化的康复模式，增加康复乐趣

处于疾病康复阶段的老年人，本院采取多元化的康复方式，如肢体活动的恢复，可为老年人提供相应的物理和康复治疗；如精神心理疾病的恢复，可结合老年人心理特点，提供相应的文娱服务，配备相关设施供老人休闲娱乐，如打麻将、做手工等。

（六）严谨的评估，带来专业的医学保障

病区医护人员对新入院老年人当日评估其病情严重程度，诊疗过程中根据病情随时评估。为持续改进工作，病区每半年对服务流程、诊疗计划开展一次评估工作，对存在的问题总结分析后制定下半年诊疗计划及流程。病区隶属于医疗机构，老年人的信息均记录在病历中，医院实行30年保存制。

三、服务成效

本院从组织架构、人力资源、设备配置、技术优势等方面相对领先。另外，科系建设方面取得较大进展，本院的阿尔茨海默

病诊疗中心充分发挥了专科特色。利用对阿尔茨海默病的损防、诊治、护理优势，为老年人的心理健康保驾护航。同时配合精神心理的专业特色服务、康复治疗及文娱活动等，真正构筑了"老有所医、老有所养、老有所为、老有所乐"的养老模式和保障体系。

特色服务减轻老年人心理及身体痛苦，切实改善生命质量，最大限度给予生命尊严。医养结合病房每年痊愈符合出院标准的老年人约50人，此类老年人部分能够恢复社会功能达到生活自理水平，部分在护理难度上大大降低。现有的88张床位常年使用，服务于被精神心理问题困扰的老年人及家庭，约使150个家庭减轻经济负担。在医养结合病房中，老年人治疗依从性好，当精神症状复发或躯体状况突发情况时能及时发现及治疗。医院最大限度地解除了家庭的后顾之忧，老年人及家属满意度高。

第十节　沈阳市红十字会医院棋盘山院区"嵌入式"医养结合模式

一、基本情况

沈阳市红十字会医院为中西医结合特色的大型综合性三级医院，编制床位800张。医院现有高级职称专业技术人员231人，博士及硕士研究生共107人。医院设有内、外、妇、儿、中医、眼、耳鼻喉、口腔、皮肤、康复、预防保健等临床诊疗科目67项；检验、病理、医学影像等医技科目15项。设住院病区24个，专科门诊和医技科室共42个。凭借综合医院的多学科优势，于2012年被沈阳市政府定为沈阳市老年医院，并确定了医疗发展新形势下的医院院训即"敬老、济贫、博爱、奉献"。为积极承担社会责任，解决养老院内老年人的就医需求问题，医院努力探索"医养结合"

模式，成立棋盘山院区。

沈阳市红十字会医院是全国首批老年友善医院、辽宁省内首家全国老年医院联盟单位、沈阳市首家老年友善医院、全国综合医院中医药示范单位、中华医学会泌尿外科分会继续教育基层示范单位；曾获全国最具公信力医疗机构、沈阳市五一劳动奖状等多项荣誉。

沈阳市红十字会棋盘山院区坐落于沈阳市社会福利院及沈阳市养老服务中心院内，地处风景优美的棋盘山景区。本院秉着沈阳市老年医院的以老年人为服务核心的工作理念，着力于发展"医养结合事业"，经过充分的前期调研及准备，于2015年12月20日与沈阳市社会福利院正式签订合作协议。另外为扩大服务范畴，为更多的老年人提供医疗保障，于2016年3月10日与沈阳市养老服务中心签订了医疗服务合作协议书。沈阳市棋盘山院区建筑面积1961平方米，共3层楼，71个房间，目前一楼开设综合门诊、外科门诊、内科门诊、心理精神门诊、专家门诊、康复科门诊、介护病房、检验科、电诊科、药剂科、收款处。二、三楼共50张床位，目前正在进行综合老年内科病房的改造工作。

二、服务特色

（一）医疗模式的特色及创新

1.适宜的老年综合评估体系和基本的老年健康管理体系的建立。医院把原有的老年综合评估技术（CGA）根据医养结合工作特点进行修改，并引入成熟的参照目标制定的评估和长照计划的制定系统，以老年患者为中心，以多学科协作模式进行，针对老年人的生活能力、精神心理、感知与沟通、社会支持等方面，结合老年综合征的罹患情况等多方面的信息对签约养老机构的老年患者进行评估。同时，为养老机构的老年患者进行定期健康体检，建立健康档案，并头行主管医生负责制，实践了基本的健康管理流程。

2."远程"诊疗及专家定向支援。棋盘山院区启动了远程会诊技术、远程心电技术。通过远程会诊平台，老年患者可以"面对面"与专家沟通，解决各专科的常见问题，实现快速、准确、高效、经济的优质医疗资源延伸效果。另外，院区还开设了专家诊，邀请院内不同专科副高职以上专家按日出诊，使得涉及包括神经内科、循环内科、普外科、骨外科、中医科、康复科等科系的就诊需求得到了切实的解决。

3.诊疗项目的补充。除了老年患者常见病急诊急救，为丰富院区诊疗内容，更好满足老年患者多方面需求，院区联合中医科开展伏九贴敷、中药浴足、煎剂方剂施用等传统医学诊疗项目。另外，院区还配备专属外科专家3名，不仅使得院区能够开展浅表肿物切除、小针刀、清创等外科门诊项目，也使得院区对老年患者意外受伤的紧急缝合等急诊需求有了保障。以上项目的补充不仅大大减少了老年患者的奔波之苦、降低延误病情的可能，使得老年患者足不出院就能解决更多的医疗问题，而且还大幅度提升了院区的确诊率和治愈率。

（二）护理模式的特色及创新

1.实行责任护理服务。养老机构的老年患者通常表述能力差，所以病情变化必须依赖护理人员密切观察才能发现。因此院区根据不同能力级别、护理需求的老年患者安排护士进行责任化管理，使得不同情况的老年患者从入院体检、建档、日常巡诊、处置等都由相对应的责任护士整体负责。这样，护理人员不仅可以详尽了解所负责老年患者的健康信息、医疗需求、健康变化等情况，更使得老年患者较容易与自己的"专属"护理人员建立更为密切与信任度更高的良好关系，使得院区的医护工作更为顺畅与安全。

2.定时巡视与无线电联络系统服务。院区为密切观察每位老年患者的病情变化，每日重点监测生命体征及与其疾病有关的临床表现，一旦出现问题可用配备的无线电设备及时通知医生，以便医生定时巡视病房，做好病情变化记录。

3."便携式"护理服务。考虑养护区护理急救设施有限，为保证老年患者急症抢救成功率及日常护理方便快捷，院区启动了一系列便携式护理模式，如：便携式可提吸痰器、便携式急救物品箱、药品箱、便携式雾化机器及心电图机等设施、设备。

（三）整体工作流程的特色及创新

1."家庭管家"服务。为防止老年患者就医出现多次奔波，院区收款处将全院老年患者的门诊就诊卡统一保管、统一管理。真正做到服务于老年患者，使老年患者就诊更加方便快捷。

2.绿色通道服务。院区地理位置偏远，老年患者回市内院区就诊时需要更快捷的服务流程，所以特为转诊老年患者提供了优先通畅的就医通道，这样不仅节省老年患者的时间精力，也确保了诊治的及时快捷。

3.制定入住长照机构就诊流程。预检分诊→收款处建卡→门诊医生检查→根据检查情况建议转入介护科或自理区。进入介护科的老年患者，医护每日进行床头查房及巡诊。

4.就诊便利。院区门诊醒目位置均设有引导就诊标示，设有专人进行人员疏导就诊、答疑服务，辅助老年患者及护理员进行就诊。全程陪伴特殊需要照顾的老年患者，为老年患者带去温暖。

5.开展"家庭病房"项目。依规按照沈阳市医保家庭病房管理制度，在辐射半径内的养老机构及社区，为老年患者开展家庭病房服务，最大可能的帮助老年患者在家享受到医保住院的政策与服务。

三、服务成效

（一）服务人次

从2015年12月20日至2020年5月1日，门诊、急诊、床头诊疗、家庭病房总人数30000余人次，其中上门服务7000余人次。

（二）开展新的医疗护理项目

本院增加了十余种检验项目、近300种药品，使得大部分的常见病种得以就地治疗。引进更多的护理技术和规范、加开门诊外科手术（目前已完成一级手术60余例）、增加中医中药治疗措施（受益老年人200余人）；每年一次免费健康体检及时筛查隐患，3年来筛查肿瘤患者10余例、其他重症10余例。

（三）绿色通道效果显著

目前通过绿色通道转回市内院区的老年患者200余人，老年患者得到了准确及时的处理，同时对医养结合院区的医疗护理内容进行了补充。

（四）科研成果

本院获委属科研课题《医养结合机构开展老年综合评估的研究与实践》1项、市级地方标准立项《医养结合机构老年人能力评估》1项、其他相关科研课题文章5篇；参加各级相关会议及培训30余人次、外派人员长期进修2人次。

（五）履行联盟单位职责

本院参与制定医养结合联盟框架建设、医养结合床位准入标准等工作，作为主要起草人参与《医养结合基本服务规范》《安宁疗护基本服务规范》的制定。同时承担了沈阳市医养结合管理控制中心的职责，设置质控及管理办法、成立专家组、完成上级交给的各项质控工作。

（六）努力提升院区社会影响力

为助力本院医养结合事业，在《辽宁日报》《沈阳晚报》《辽沈晚报》、沈阳电视台等多家媒体上发表不同文章和影像宣传院区医养结合事业及院区发展情况。

第十一节　沈阳市中环中医院"医养结合床位模式"

一、基本情况

沈阳市中环中医院坐落于铁西区中心位置，于2003年搬迁，经历多年发展，现占地2500平方米，建筑面积8000余平方米，拥有医疗床位133张，医养结合床位100张，集医疗、预防保健，养老照护为一体的二级甲等中医医疗机构。医养结合床位让温暖零距离，让医疗零距离。医养结合床位是让空闲的床位活起来的创新，是典型的"医养结合床位模式"的体现。

医院现有医疗技术人员207人，护工20人，返聘多位中医专家坐诊，以传帮带的方式进行传统中医教学，临床实践。以大医治未病精神诠释中医预防保健功能，弘扬中华传统医药文化。本院是首批进入二级甲等中医医院行列的社会办医。

医院花费重金进行设备升级改造，对院区进行装修，购进康复训练器材，改善服务设施功能，加装电梯等设备设施，适应新时代对中医医院功能服务的要求。医院现拥有大型检查检验设备，满足临床需求，本院是中国医科大学附属第一医院、沈阳医学院附属中心医院医联体合作医院，同时与大型检验机构对特殊检验项目开展合作，弥补自身不足，提升医院软实力。

二、服务特色

本院有市级特色专科两个，以中医为主多措并举开展业务。

（一）脑病科服务特色

脑病科团队为了弘扬中医药文化发挥传统医疗特色，针对眩晕、失眠、中风等神经内科病种开展专业的中医干预，有效评价收效甚好。特别是开展耳穴压籽、穴位按摩等中医护理技术，改善缓解了老年患者的痛苦，提升了他们的生活质量。

（二）中医康复科服务特色

中医康复科针对脑血管疾病，外伤性疾病导致的肢体障碍，感觉异常，使用中医非药物疗法与现代康复技术相结合的治疗方式进行周期性康复治疗，同时开展心理疏导，为老年患者全方位解决病痛。

（三）心病专科服务特色

心病专科，对不能采取现代介入治疗，高龄不能进行手术干预的老年患者，采取保守治疗附以针石汤药，改善晚期症状，提高生活质量。团队人员积极采用老药新用的方法，药食共同干预的方式方法进行疾病管理，走出了一条中医对中晚期心脏病患者的治疗新路。

（四）医养结合病房服务特色

医养结合病房以原有的护理团队为技术核心、以经过严格培训的生活护理队伍为业务支柱，以协议化为服务依据，分阶段开展失能患者的照护新模式。24小时无死角的生活照护与医疗守护，一日三餐营养搭配，慢病的日常管理，突发疾病的应急处置，完成医疗床位到医养结合床位的华丽变身。

三、阶段成果

开展医养结合工作以来，在满足日常医疗需求的同时，收治老年患者近百人，陪十几位老年患者走过生命最后的日子，为医养患者提供医疗服务千余次，避免了数十次恶性疾病事件的发生，为老年患者抢救争取充分时间。

第十二节　辽中区精神病医院创新"医康养护模式"

沈阳市辽中区精神病医院成立于1997年，是一所体制创新型民营慈善性福利性机构。医院位于辽中区六间房镇，分为南北两个院区，占地面积4.5万平方米，建筑面积3.4万平方米。2018年1月12日成为医养结合试点医院，开展医养结合工作，是一家集医疗、养老、康复、护理为一体的医养结合医院，医养结合床位100张，抢救设施齐全，诊疗规范，技术过硬。

本院具有内科、外科、精神科、康复科、中医科、医学检验科、老年病专业等资质。拥有大量先进设备，为医院的技术水平提供了坚强的保障。

本院分为南北两个院区，南院区专门治疗精神类疾病。承担着精神病患者的诊疗及救助人员的医养结合工作，在重型精神疾病、心身疾病的诊治方面，本院已形成了独具特色的诊疗体系。在管理精神患者、智障患者、救助患者等方面，具有较为丰富的经验。北院区为重建院区（即辽中区老年病医院），重点打造以"医疗、康复、高端养老"为一体的科系，为患者提供了高档、温馨、舒适的就医环境。设有66个宾馆级别的高级病房，（高级病房内配备两张高级病床，电视，空调，独立卫生间、洗浴间，集中供氧、吸痰、呼叫系统，每层楼配备两个私家厨房）十余个普通病房。设门诊楼、住院楼、康复楼。北院区拥有大量康复器材，以治疗内科为主，能够对脑血栓后遗症、脑出血后遗症、脑外伤后遗症等肢体功能障碍进行康复训练，促进老年患者身体恢复。北院区还可以对颈椎病，肩周炎，腰椎间盘突出，肌肉、肌腱拉伤，劳损等慢性病进行康复治疗。对风湿、类风湿关节炎，滑囊炎等配以中医内服加外用、熏蒸等综合治疗等，帮助老年患者减轻痛苦。

医养中心配有高水平专业的医养团队。现有医生、护士、康复师、护工、餐饮服务人员80余人，对老年患者的起居和饮食、心态和健康进行全方位监测、调理、照护、康复和治疗，实现康养一体、慢病照护、零距离住院、床边门诊、即时康复、医养无缝对接，全天24小时为在院老年患者提供优质的服务。

医养中心采用"院中院"管理模式，实行一个法人、一套班子、财务分页管理制。服务团队采取规范化、年轻化、专业化的管理方式，通过提供高起点、高标准、专业性的优质服务，实现环境优良化、服务贴心化、康复规范化、护理亲情化、后勤服务人性化，医、康、养、护四位一体公立性医养结合服务中心。

沈阳市落实医养结合的调研报告与参考文献

第八章　医养结合调研报告

第一节　中共沈阳市委办公室以建设国家试点城市为契机推进医疗和养老服务深度融合的调研报告

（2016年6月）

促进医养结合，既是贯彻落实习近平总书记近期中央政治局集体学习重要讲话精神的具体要求，又是应对人口老龄化的重要民生工程，也是加快供给侧改革的重要举措，对于沈阳老工业基地新一轮振兴来说意义重大。一段时期以来，国家、省里陆续出台了一系列支持医养结合的政策措施，沈阳市也刚刚被批准为国家医养结合试点，推动医养结合工作恰逢其时。根据沈阳市委主要领导同志意见，市委办公厅与市卫计委、民政局、发改委、财政局、人社局、规划国土局、医学院、养老集团等单位组成联合调研组，就加快推进沈阳市医养结合工作，实地走访了松浦博爱养护中心等7家医养结合机构，并分成6个小组进行了专题座谈，现将有关情况报告如下。

一、沈阳市医养结合工作的总体情况

作为老工业基地城市，沈阳市已经进入人口老龄化快速发展阶段。截至2015年底，全市老年人口达到161万，占户籍总人口22.1%，其中80岁以上老年人口达到23.5万，老龄人群正在加速扩大，对养老、医疗服务的需求也日益强劲。近些年，在沈阳市委、市政府的高度重视和大力推动下，各个部门积极参与、主动作为，

123

促进医疗和养老事业蓬勃发展、逐步融合，初步形成了"多类主体、多种模式、多点支撑、多方受益"的医养结合发展态势。

一是有力满足民生需求。通过几年的发展，沈阳市能够以不同形式提供医养结合服务的机构已发展到80余家，医保部门将符合政策规定的医养结合机构纳入了医保定点范围，有近万名失能老年人从中受益，特别是为全市养老机构内大量失能、部分失能老年人提供了基本的医疗保障，使很多家庭解除了后顾之忧，有力促进了社会的和谐稳定。

二是有力促进资源互补。大批医疗机构通过面向老年人、满足老年人需求，盘活了闲置资源，形成了自身特色，沈阳市红十字会医院还成为全省唯一一家老年病医院，而养老机构更是将提供医疗服务、与医疗资源合作作为其"金字招牌"。应当说，医养结合已经成为医疗体制改革、养老产业发展的关键一环。

三是有力推动经济转型。医养结合作为供给侧改革的重要手段，对于沈阳市而言，不仅从中产生了蓝卡、东软熙康这样极具竞争力、在全国也颇具影响力的知名企业，而且形成了浑南颐和城、于洪五彩阳光城以及苏家屯华夏幸福等一批养老地产项目，促进了房地产业差异化去库存，对于新常态下扩大内需、刺激消费、稳定就业都具有深远影响。

在这一过程中，沈阳市在医养结合方面探索出以下几种代表性的模式。

（一）养医模式

养老机构办医疗机构，以满足其内部医疗需求。从调研结果来看，目前沈阳市的养老机构中，失能部分失能老年人很多，对医疗服务的需求十分强烈。能否提供优质、便利的医疗服务，已经成为养老院间竞争的重要"砝码"。因此，不少养老院通过自建或者合建的方式，在内部设置医疗机构。比如，沈阳市社会福利院和松浦博爱养护中心，都是采取无偿提供场地的方式，与市红十字会医院合作设立医院分院。有的民营养老机构为了提升项目的吸引力，不惜重金引入医疗资源。比如，于洪区五彩阳光城养老社区，前期已经在社区开设了诊所，每年花费50万元从盛京医院聘请了一名医生和两名护士，诊疗费用都归属院方。近期，还要斥资12亿元并无偿提供土地，在社区旁建设22万平方米、2000张床位的中国医科大学盛京医院雍森分院，进一步提高医疗服务和社区的整体品质。

（二）拖带模式

医疗机构通过与多家养老机构签订协议，提供基本的医疗服务。内设医疗机构的方式，尽管对于养老机构非常合适，但对于医疗机构来说，仅靠特定养老机构内部的老年患者，很难"吃得饱"。因此，大多数的养老机构只能与医疗机构签订合作协议，实现相对松散的合作，这种模式占到全市有医养结合服务养老机构的62.5%。比如，大东区黎明养老院与201医院签订合作协议已有3年，每周都有医生巡诊，平时遇到紧急情况可以呼叫医院的巡诊车（配备一名医生、两名护士）。此外，由于合作比较深入，医院在养老院设立了护士站，可以提供基本的医疗服务。而对于医院来说，同时与其合作的养老院有30多家，通过热线电话、巡诊车和住院绿色通道等方式，不仅能够满足基本需要，而且能够扩大医院影响力，也能保持基本的盈亏平衡。

（三）拓展模式

医疗机构利用自身优势向养老产业延伸，使养办医有动力，医办养有能力。特别是一些一二级医院，以及民营医院和社区卫生服务中心在发展养老服务方面积极性很高。沈河区新北社区卫生服务中心就是利用其闲置的房屋空间，设置30张床位来开展养老服务，目前有医护人员11人，为院内的老年人提供24小时护理服务。盛京医院、红十字会医院、金秋医院、东陵区康复医院、德济医院等医疗机构在院内共设置专门针对老年慢性病的老年病床3000张。据统计，沈阳市一二级医院的床位利用率为48.3%和78.3%，在发展养老服务方面还大有潜力可挖。

（四）远程模式

通过"互联网+"的方式实现远程诊疗，主要是面向社区和居家老年人。随着智慧城市建设的深入，这种新兴业态在沈阳市已经悄然兴起。比如，蓝卡集团进入和平区文安路社区日间照料站、苏家屯九九清华居家养老服务中心，以及听雨观澜、孔雀城、碧桂园太阳城等社区，依托医疗云计算服务平台，为老年人提供健康档案管理、24小时呼叫、转诊就医绿色通道等居家医疗服务和家庭医生服务。近期，蓝卡又与和平区签署战略合作协议，至少20万老年人将会因此受益。此外，东软熙康与浑南五三社区居家养老服务中心、沈河凯旋社区等单位合作，通过"互联网+医疗"的服务模式，为社区老年人提供医疗、健康、生活服务。同时，东软熙康还与中信国安、大唐网络等知名企业密切接触，试图在全市各个社区广泛布点，寻求医养结合社区服务的新突破。

（五）导流模式

通过打破居家、社区、机构养老的壁垒，实现分级诊疗、层层导流、良性互动。这种模式主要是以四圣心源为代表的民营企业在沈阳创造的"三级医养"模式。具体来说就是，最上层有医院、中间层有社区医疗机构，最下层面向居家养老。日常保健在家中，小病调理在社区，大病防治在医院。通过在社区了解老年人健康状况，引导达到住院标准的老年人到医院治疗。这种模式，从本质上说，就是社区为医院提供病员支撑，医院为社区提供医疗服务支撑。当前，四圣心源已经托管了沈河区南塔居家养老中心和沈北中医院，并与颐和城等房地产开发项目进行了紧密合作，已经和正在建立8个社区服务中心，未来将会在沈北、沈河、浑南等三个区推广三级医养结合模式，预计签约、辐射老年人群将超过万人。

二、当前医养结合实践中存在的问题

总体上看，沈阳市医养结合工作尽管已经有了长足进步，但仍处于起步阶段，没有形成非常成熟、可以普遍推广的运行模式，特别是在行业管理、政策支持、体制机制等方面还有诸多"不适症"，需要进一步地探索解决。

（一）针对养老的医疗服务供给能力明显不足

从机构养老来看，由于在机构养老的主要是身体情况不佳的老年人，医疗服务需求非常强烈，但从统计来看，目前全市能够提供医疗服务的养老机构不足50%，其中，设立门诊（卫生所）和分院的机构数量也明显偏少。对于居家养老、社区养老而言，目前全市680个日间照料站和10个区域性养老服务中心提供医疗保健服务的能力还非常有限。此外，全市共有46家医院开设了"家庭病床"，而由于种种原因，2015年实际出诊的仅有14家，全市从2009年开始的6年间仅有不到3000人享受了"家庭病床"待遇。与之形成鲜明对比的是，很多需要得到长期医疗服务的老年人，明明已经可以回家，却选择在医院"压床"，造成过度医疗。由此可见，医疗与养老脱节、医疗供给不足的现象仍然比较突出。

（二）部分医养结合模式缺乏有效的盈利运转机制

医养结合的关键在于"医"，"医"的关键在于辐射面，如果"医"的辐射面不够，仅仅依靠一个养老院提供的老年患者，往往会运行比较艰难。比如，市红十字会医院入驻松浦养护院，除了养护院免费提供的场地之外，已经投入固定资产接近200多万元，但目前已经实现的收入还比较有限，如果不能有效拓展服务半径，未来运营也会面临比较大的成本压力。而对于四圣心源的"三级医养"模式而言，目前实际的社区布点也不够广泛，盈利能力还有待进一步提升。因此沈阳市必须在充分鼓励竞争的前提下，因地制宜地明确医养结合发展方向，保证各种融合模式能够自力更生、自我运转。

（三）支撑医养结合的前期改革和配套政策有待完善

突出表现在以下3方面。一是信息化程度不够。不仅卫生口内部的老年人健康档案、医院的诊疗信息和电子病历等目前还没有实现有效联通，而且与民政部门的市养老管理服务综合信息平台等市级平台间也未实现有效整合，为医养结合服务的健康大数据平台尚未搭建起来。二是一些重要领域改革还不到位。沈阳市尽管已经成立了一些医联体，但总体来看，没有完全实现分级诊疗、双向转诊，特别是向下转诊还不畅通，这给居家、社区的医养结合造成了很多不便。三是对医养结合至关重要的政策还有欠缺。对于养老而言最关键的长期照护保险政策，沈阳市还处于研究阶段，没有相关的实践探索。

（四）医疗卫生和养老服务的审批和行业管理尚未充分整合

医养结合是新生事物，其审批和监管方面涉及众多部门，往往会出现"多龙治水"或者"管理真空"的局面，为行业管理带来重要挑战。目前，养老机构和医疗机构分别由民政部门和卫生部门主管，部门之间缺少对接。医疗机构在申办养老机构时，需要按照养老机构设立许可要求申报消防、环评等手续，而消防、环评等审批主管部门又难以就同一建筑重复审批，这就让企业在审批环节陷入了"死循环"。还有，在医养结合的日常运行中，家庭医生、家庭病床是最重要的服务形式。但实际上，这与《执业医师法》对执业地点的要求有所冲突，沈阳市目前没有出台专门的家庭病床管理规定，现行医保政策在对于家庭病床的支持也仅限于几种特殊疾病。这些都导致了很多医疗机构和医生提供这类服务积极性不高。

（五）医养结合机构对各层次人才吸引力明显不足

在调研中，各个养老机构普遍反映医生、护士、护工的数量不足，成为制约医养结合发展的重要瓶颈，不同层次人才缺乏的原因有所不同。对于医生而言，有的因为养老机构并非医疗机构，无法注册行医；有的因为养老机构没有足够的业务量，技能得不到足够的锻炼；有的因为养老机构主要是需要全科医生，但全科医生的发展通道并不通畅，而社区卫生服务中心的医生又没有相应的激励政策，缺乏为社区、居家养老主动服务的动力。对于养护人员而言，全市的培训总量其实并不少，但由于薪资待遇等原因多数拿到证书的养护人员从事保姆、育婴护理等收入较高的工作。一些养老机构不仅护工数量不够，而且年龄偏大、文化程度较低、未受过专业训练、更缺乏医疗知识、很难保证护理工作质量。

三、关于进一步做好医养结合工作的对策建议

2016年6月17日，沈阳市成为第一批国家医养结合试点城市，医养结合工作迎来了难得的机遇。沈阳市从4个方面工作入手，推动医养结合发展再上新台阶。

（一）强化组织领导

医养结合涉及多个部门、多条战线，需要上下协调配合、行动一致。因此，建议成立沈阳市推进医养结合工作领导小组，由

市委副书记任组长，市政府分管卫计、民政的副市长任副组长，成员单位为市委改革办、市发改委、经信委（大数据局）、科技局、公安局、民政局、财政局、人社局、规划国土局、卫计委、统计局、金融办、政务服务办、市创新改革办、医学院、养老集团等单位以及各区县（市）。领导小组办公室分别设在沈阳市卫计委和民政局，由市委副秘书长兼任办公室主任，卫计委和民政局主要领导兼任办公室副主任。领导小组主要负责统筹推进医养结合各项工作，制定全市医养结合发展总体规划及试点方案，协调解决医养结合中存在的问题。

（二）加强顶层设计

建议尽快启动制定医养结合发展规划和国家医养结合试点方案，重点体现3个方面。一是指导思想。应当以满足人民群众日益增长的多层次、多样化健康养老服务需求为根本，以推动医疗卫生和养老服务水平提升为手段，以促进城市转型、培育新经济增长点为目标，坚持政府引导、市场驱动、改革先行、多方共赢的基本原则，积极探索具有沈阳特色的医养结合模式，以居家养老为基础、以社区养老为依托、以机构养老为补充，着力构建覆盖面广、形式多样、层次分明的医养结合体系，为加快建设国家中心城市、推动沈阳老工业基地实现全面振兴奠定坚实基础。二是发展目标。2017年逐步提升医疗资源辐射养老的能力，60岁以上老年人家庭医生签约覆盖率达到30%以上，85%以上的医疗机构开设为老年人提供挂号、就医等便利服务的绿色通道，60%以上的养老机构能够以不同形式为入住老年人提供医疗卫生服务，培育、引进、建设一批具有引领示范作用的医养结合产业项目。到2020年，实现医疗卫生和养老服务充分共享，力争使签约家庭服务扩大到全体老年人群，所有医疗机构开设为老年人提供挂号、就医等便利服务的绿色通道，所有养老机构能够以不同形式为入住老年人提供医疗卫生服务，支撑医养融合发展的行政体制、数据平台和人才梯队相对完善，形成一批竞争力强、特色突出的百亿级医养结合龙头企业，使医养结合成为推动沈阳全面振兴的重要经济增长点。三是重点任务。在社区居家养老方面，大力推广以家庭医生、家庭病床为基础的签约服务方式，探索依托老年医院建立老年患者巡回医疗队，充分发挥基层医疗卫生服务机构作用，强化其与老年人日间照料站等社区托养机构合作，推动医疗卫生服务向基层延伸。在机构养老方面，鼓励养老机构通过签约合作的方式与临近的医疗机构合作，支持有条件的养老机构内设医疗机构，促进一二级医院利用闲置资源开展养老服务，加快形成一批面向养老的专业医疗机构。在改革创新方面，加快推进医养结合审批模式改革，建立完善长期照护保险制度和与医养结合发展相适应的医疗保险制度，打通制约医养人才培养的薪酬制度和晋升机制。在产业发展方面，支持具有示范效应的医养结合项目建设，鼓励本地医养结合企业在沈布局、拓展业务，出台支持医养结合产业发展壮大的政策措施，吸引更多社会力量发展医养结合产业。

（三）完善政策体系

完善政策体系重点可以归纳为7个方面。一是建设健康大数据平台。依托智慧城市建设，充分利用政府和社会资本合作（PPP）模式，加快推进区域人口健康信息平台搭建，整合老年人基本信息、健康信息和诊疗信息。同时，以智慧沈阳统一平台为基础，实现与民政、公安等部门对接，着力打造医养护一体化健康服务平台。二是强化财政金融支持。在过去对养老机构建设、运营支持的基础上，对医养结合项目特别是养老机构内设医疗机构再给予一定的财政补贴支持。借鉴苏州等地经验，研究设立养老产业引导基金，带动民间资本参与养老服务业。包装策划推荐项目，争取国家专项建设资金和银行贷款等低息资金支持医养融合项目。三是深化医疗、养老领域改革。尽快形成支撑分级诊疗、双向转诊的相关政策。研究建立长期照护保险制度，将其作为一项独立的险种单独设计、单独筹资、单独建账，由商业保险机构经办管理。抓紧落实国家卫计委近日印发的《关于推进家庭医生签约服务的指导意见》，制定沈阳市实施意见，同时，研究出台家庭病床服务规范，扩大城镇医保开展家庭病床病种的范围。四是整合盘活国有资产。推动一二级医院利用闲置资源开展养老服务，鼓励市属、区属各类医疗机构和养老机构探索公建民营的有效形式。整合市属国有单位的闲置房产，利用养老集团这一市场化运作的平台，通过与社会资本合作的方式，发展符合医养结合规划的项目。五是实行差别化供地。对于医养结合项目，在土地划拨方面，探索非政府投资项目享受与政府投资项目相同的土地使用政策。在符合相关规定的前提下，应当进一步盘活现有存量土地资源，用于推动医养结合项目的发展。研究建成小区增加容积率的支持政策，并在用地价格上，对于医养结合项目的用地采取差异化的定价原则。六是优化行政审批。以组建行政审批局为契机，实现"一个窗口办理，一套手续申请，一颗印章审批"，最大限度地提高审批效率。对于已有养老机构、医疗机构转型发展，原审批手续应视同于有效。探索医养结合机构有别于一般的医疗机构和养老机构的审批标准。七是加强人才引进和培育。充分利用"盛京人才"战略，将老年医学、康复人才作为急需紧缺人才纳入卫生培训规划。鼓励市属高等院校、中等职业学校增设相关课程，培养专业人才。完善薪酬待遇和职称评聘机制，促进全科医生发展，鼓励优秀医护人员到医养结合机构执业，推动基层医疗服务人员"走下去"。加强养老护理人员培训，将城镇失业人员等纳入养老护理普惠制免费就业培训范围。

（四）抓好工作落实

抓好工作落实主要有以下3方面：一是适时召开全市医养结合工作动员部署会，对建设国家医养结合试点、推动医养结合工作进行全面部署。二是将医养融合作为全面深化改革和加快供给侧结构性改革的一项重要内容纳入市委全面深化改革领导小组年度工作要点任务中，推动与医养结合相关的重要体制机制性问题得以解决。三是建立医养结合工作定期协调调度机制，领导小组每季度召开一次定期调度会（遇有重大问题，可随时召开），研究和协调解决相关问题。四是营造医养结合发展的良好舆论氛围，积极宣传医养结合经验做法，让这项便民、惠民的举措真正深入人心。

第二节　沈阳市政府研究室关于加快推进我市医疗卫生与养老服务深度融合的调研报告

（2017年12月）

医养结合是将老年人所必需的医疗健康服务和生活照料服务进行资源整合，让老年人在养老的过程中能够享受便捷、优质、可承受的医疗健康服务。医养结合是世界各国养老服务业发展的必然规律，也是目前我国养老服务业发展的必经阶段。2013年，国务院发布了《关于加快发展养老服务业的若干意见》，首次提出推进医养结合；2015年，国办转发了九部委《关于推进医疗卫生与养老服务相结合的指导意见》；2016年，由国家卫计委牵头在全国开展医养结合试点工作，目前已有两批试点单位，共计90个市（区）。

一、沈阳市医养结合试点工作开展情况

2014年，沈阳市被确定为养老服务业综合改革试点地区，开始探索医养结合服务。2016年，沈阳市被确定为全国首批医养结合试点单位后，医养结合工作提上市政府工作日程，并写进2017年市政府工作报告，进入整体推进阶段。

（一）医养结合整体推进较快

截至2019年10月，审批并通过为老年人提供养老服务的医疗

机构30家；90%以上（高于国家目标10%）的医疗机构开通了老年人就医绿色通道；全市182个注册养老机构中，提供医疗服务的达116家，占比63%（高于国家目标13%）；中置盛京医院、市红十字会医院、市中医院等医疗机构设置医养结合养老病床3000张。

（二）医养结合模式多点开花

养老服务主要划分为居家养老（90%）、社区养老（7%）和机构养老（3%）3个层面，国际上称之为"90-7-3"养老格局，我国也提出了以居家养老为基础、社区养老为依托、机构养老为支撑的发展原则。目前，沈阳市医养结合工作的开展也围绕着以上3个层面展开，呈现多点开花的局面。

1.居家医养结合模式。 针对绝大多数老年人居家养老的现状，沈阳市正在推行家庭医生签约服务，全市家庭医生签约114万人，签约率15.83%。

2.社区医养结合模式。 依托全市56个区域性居家养老服务中心和750个社区老年人日间照料站，积极探索多种形式的社区医养结合模式，一些社区分别引入蓝卡集团、东软熙康、四圣心源等智慧医疗服务企业，为社区老年人提供智能化医养结合服务。

3.机构医养结合模式。 医养结合服务机构定位主要是为失能失智老年人提供医疗、护理、康复以及临终关怀等服务，主要有3种模式：①医结合养。以医疗卫生机构为主体为老年人提供医养结合服务，目前全市共有37家各级各类医疗卫生机构开展医养结合服务，其中老年康复中心8家、老年病院3家、老年护理院7家、为老年人提供医疗护理服务的社区卫生服务中心（站）17家、二级以下医疗机构转型为医养结合机构的两家。②养结合医。以养老机构为主体开办老年病医院、康复医院、护理院等医疗机构，或者内设医务室或护理站。全市开办医疗机构的养老机构共计30家，其中设立医院的8家、护理院1家、康复中心1家、老年病医院3家、卫生所4个、医务室13个。③医养合作。养老机构与医疗卫生机构协议合作，全市共有86家养老机构与医疗卫生机构签订了合作协议。如沈阳市红十字会医院棋盘山院区目前进行的医养结合方式为养老机构与医疗机构签订协议，派驻数名医疗技术人员进入沈阳市社会福利院及沈阳市养老服务中心进行医养结合工作的服务与实践。

4.医养结合新兴业态不断涌现。一是以于洪区五彩阳光城为代表的集居家、社区、机构三种模式为一体的医养地产。二是中置集团旗下的中置盛京老年病医院与老年公寓综合服务体。三是辽宁省肿瘤医院中西医结合大东医院探索一体多院，细化服务功能，分设了康复医院、护理院、安宁疗护中心，形成医养服务全链条闭环，提供"一站式"服务。四是沈河区新北社区依托社区卫生服务中心创办了社区老年医疗养护中心。

（三）组织政策体系初步形成

1.组织体系初步建立。根据国家医养结合试点工作指导意见精神，调整了市养老服务工作领导小组的组织架构，在领导小组职责中增加了推进国家医养结合试点工作的职能，原市卫计委作为领导小组办公室成员之一，负责医养结合日常工作。原市卫计委内部成立了"医养结合工作领导小组办公室"（简称医养办），成员包括16个相关职能处室负责人，下设"直属""区县""民营"3个工作组。大东等部分区县卫计局也成立了"医养办"，负责开展本辖区内的医养结合工作，并与原市卫计委"医养办"进行业务对接。

2.政策体系初步形成。近年来，围绕落实国家有关文件精神，沈阳市先后出台了《关于加快发展养老服务业的实施意见》《关于加快推进医疗卫生与养老服务结合发展的实施意见》《关于推进医疗卫生与养老服务结合发展试点工作实施方案》等文件，部署和指导医养结合试点工作。

二、外地医养结合典型经验做法

青岛、杭州和长沙等城市的医养结合试点工作走在全国前列，在医养结合制度、模式创新等方面进行了有益的探索，一些经验做法得到了国家卫计委、民政部和人社部的认可，值得借鉴。

（一）实践探索型——青岛

1.经验做法。青岛市养老产业市场化程度高，于20世纪末就开始探索发展医养结合服务体系，走出了一条医养深度融合、可持续发展之路。①创建长期医疗护理险。青岛市应对人口老龄化，特别是长期失能部分失能老年人及其家庭，难以支付高额的长期护理服务费用，于2012年出台了《长期医疗护理保险制度》和《长期医疗护理保险实施细则》，在全国率先自行试点实施，重点解决重度失能人员的基本生活照料、医疗护理所需费用。②明确了资金来源。长护保险费用主要来自医保统筹资金、个人账户资金和财政补贴，实行市级统筹。③确定了享受条件和支付标准。社保经办机构依据认定的人身功能丧失程度，对为参保人提供居家医疗护理、机构医疗护理或医疗专护服务的定点护理机构，分别给予按床60元/天、170元/天、200元/天不等的定额包干费用。④建立了资格准入和退出机制。凡经批准设立的医疗机构、老年护理机构、养老服务机构等均可申请成为定点护理服务机构，并接受社保经办部门监管，实行动态管理。

2.取得成效。①医养深度融合发展良好。目前，全市开展医养结合服务的机构达到170家，其中养老机构开办医疗机构、医疗机构开办养老机构和医养一体的医养综合服务型机构为118家，具备长期医疗护理资质的定点机构达到500家。②广泛惠及失能老年人。全市目前正在享受长期护理保险的失能老年人约2万名，平均年龄80.4岁，累计享受此险待遇者约4万名，1万多名老年人在定点护理服务机构提供的精神慰藉、临终关怀服务中，有尊严地走完了生命最后旅程。③明显减轻了家庭负担。据测算，享受长期医疗护理险的患者个人自负比例仅10%，人均负担约1400元/年，长期护理保险人均床费56.2元/天，只是二、三级医院的1/20，人均个人负担4.2元/天，只有二、三级医院的1/77。④提高了医保资金使用效率。实施长期医疗护理险以来，多数享受政策的失能老年人从大医院的ICU病房转出，减少了老年患者压床现象，减少了医保支付。

（二）政策推动型——杭州

1.**经验做法**。杭州市以制度建设为抓手，着力为医养深度融合发展提供制度保障，形成了比较系统的有关医养结合的政策体系。①加强顶层的政策指导。以杭州市委、市政府名义出台了《养老服务综合改革试点方案》《关于推进医养护一体化智慧医疗服务的实施意见》《关于推进杭州市医养结合及护理型养老体系建设的实施意见》等10余个文件。②细化落实国家和省市有关文件精神，制定部门政策措施。市卫计、民政和人社等部门分别制定了《推进医疗卫生与养老服务融合发展工作方案》《关于推进居家养老服务机构与基层医疗卫生机构签约合作的指导意见》和《长期护理保险制度建设方案》等40余个部门配套文件。③创建监管和服务标准，出台了《养老需求评估办法》等6个地方性标准。

2.**取得成效**。①形成了比较完善的居家和社区医养结合服务体系。在全国首创医养护一体化签约服务，老年人通过签约可享受全科医生提供的健康管理、优先就诊、双向转诊、上门巡诊、家庭病床等服务。目前，杭州市1300余家居家养老服务机构与基层医疗卫生服务机构签订合作协议，60岁以上老年人签约服务达65万，社区老年人电子信息健康档案建档率为100%。②医养结合机构快速发展。"融养入医"，全市15家医疗机构内设养老机构，床位共计4800张；"以医助养"，全市36家养老机构设置了医疗机构，床位共计15000余张，为失能失智老年人提供"一站式"医养结合服务；"养医联姻"，无内设医疗机构或内设医疗机构不成熟的养老机构积极与附近的医疗卫生机构签订合作协议，由医护人员定期巡诊，全市118家养老机构与医疗机构建立了合作关系。③创立了"1+1+X"的医养结合联合体模式。实行1家市级（县）医院+1家社区卫生服务中心（乡镇卫生院）+X家辖区内养老机构和街道（乡镇）级综合性居家养老服务照料中心模式。

（三）规划引导型——长沙

1.经验做法。长沙市注重发挥规划对医养深度融合的引导作用，多规衔接，形成了相关规划体系。①医养结合工作纳入城市"十三五"总体规划。统筹部署，明确重点工作任务。《规划纲要》提出："积极开展应对人口老龄化行动，推动医疗卫生和养老服务相结合，探索建立长期护理保险制度，完善以居家养老为基础、社区养老为依托、机构养老为补充、社会化养老为主体的现代养老服务体系。"②医养结合工作纳入健康产业规划。作为一项重要工程，着力推动深度融合发展。《长沙市健康产业发展规划（2017-2020）》提出要整合行业资源，通过积极促进医养结合、加快复合型养老机构发展和开展多样化养老服务等方式，加快发展护理养老产业。③医养结合工作纳入老龄产业发展规划。确定发展目标。《长沙市老龄产业发展规划（2017-2020）》提出"到2020年，每千名老年人拥有养老床位数35张以上，护理型床位占床位总数比例不低于30%"。

2.取得成效。①家庭签约服务体系初步形成。全面推行社区养老服务机构与基层医疗卫生机构签约服务制度，将医疗护理和康复等服务延伸至家庭，为失能失智老年人设立"家庭病床"，提供定期体检、健康管理等医疗康复服务。②医养融合机构体系逐步建立。有序推进养老院办医院。规划引导，整合社会闲置资源，改造转型为医养结合的老年健康护理机构；统筹推动一批公办养老机构升级为医养融合型机构。如长沙市第一福利院创办的长沙老年康复医院（寿星公寓），总床位791张，为老年人提供生活护理、医疗保健、康复娱乐、临终关怀等服务，是湖南省规模最大、功能最全的公办医养融合服务机构。③积极推动医院与养老院联合运行。整体推进全市二级以上医院与周边养老机构的协作关系，构建起医养融合服务网络体系，如雨花区康怡老年护养院建在湖南省职业病防治院内，为失能、失智、失独、慢病、高龄老年人提供医疗服务和生活护理，同时为街道辖区老年人提供助餐、助洁、助浴、助急、助医等定制服务。

三、存在问题

虽然沈阳市医养结合试点工作已经完成了国家要求的近期目标任务，但总体上更多地体现在初级层面的数量指标，按照组织一体化、功能复合化、服务专业化、政策配套化的医养深度特征，来审视沈阳市医养结合试点工作，还存在一定差距。目前沈阳市拥有医院268家，二级以下的占比60%以上，多数一、二级医疗机构资源利用不足、床位闲置，而二级以下医疗机构转型医养结合的还处于点上探索阶段，这与沈阳市占比24.6%的180万老龄人口（其中失能、失独等特殊群体20多万人）对医养结合服务的迫切需求，形成巨大的反差。制约沈阳市医养深度融合发展的瓶颈，主要有以下方面。

（一）协同机制缺失

医养结合试点是一项探索性工作，涉及医、养、保险、补贴等多种要素，面临管理、服务、资金保障等方面制度创新，需要卫计、民政、人社等相关部门共同参与。沈阳市有关养老和医养结合组织领导体系有架构缺机制，领导小组办公室由市民政局、卫计委共同承担，这种"双主体"、各行其是、各负其责的并立模式，缺少协同联动机制，不能形成合力，制约医养结合试点工作创新突破开展。例如，省肿瘤医院中西医结合大东医院拟设立养老机构，创办医养一体化运营机构，这在沈阳市为首例，全国也鲜见，现行制度下，民政审批、编办定编和物价部门定价等都缺少依据，需要探索制度创新，由于缺少协同议事机制，迟迟不能形成共识，拿不出解决方案。再如，被业界称之为社会基本保障第六险的"长期护理险"是人社部在总结青岛创建的"长期医疗护理险"基础上，为医养结合可持续发展量身定制的，已在全国包括哈尔滨、长春15个城市开展试点，同样由于缺少协商议事机制，相关部门参与医养结合试点工作不够，使沈阳市无缘"长期护理险"试点。而青岛市在探索医养结合深度融合的进程中，卫计、民政、人社等部门各尽其责、密切合作，人社局牵头创立了"长期医疗护理险"，为全国提供了典范。

（二）缺少规划引领

医养结合是一项长期而紧迫的具有战略意义的工作，是一项社会系统工程，需要科学规划，统筹发展。长沙市形成了医养结合相关规划体系，统筹社会资源，成体系的推进医养深度融合发展，在构建现代医养服务体系中发挥了重要的引领作用。虽然沈阳市"十三五"经济和社会发展规划及老龄产业发展规划等也提出了发展医养结合养老服务，但没有作为重点任务，做系统部署，缺乏方向性引导和制度设计，对社会亦没有产生引导预期效应，政府部门和社会对医养结合发展认识度不高，政府的主导作用和市场的决定性作用均没有得到有效的发挥。

（三）政策体系不完善

医养深度融合发展，需要与之相匹配的政策体系给予保障。杭州市跟进医养结合试点工作，针对试点工作需求，出台了鼓励社会资本创办医养结合服务机构、支持利用闲置医疗资源转型发展医养结合服务机构的制度；制定了医养结合机构监管办法、医养结合服务标准等系列配套政策措施，为医养深度融合发展营造了良好的制度环境。沈阳市相关政策体系尚不完善，缺少操作层面的配套政策措施，制度创新相对滞后于医养结合模式创新，成为制约医养深度融合的瓶颈。

（四）人才严重短缺

医养结合发展，人才是关键，医养结合作为新兴服务，需要大批的全科医学、老年医学、养老护理等专业人才，特别是庞大的护理专业人员队伍来支撑。为此，青岛市鼓励高校开设老年医学、康复医学、老年心理学专业，加快急需的培养医养人才；长沙市设立"护理节"，提高护理从业人员的社会地位，支持高职、中职等院校开展定向委培老年康复护理技能型人才。沈阳市尚未形成与庞大的医养市场规模相适应的医养人才队伍，缺乏医养服务链各层次人才，尤其是具有专业技能的护理人员严重短缺，全科医生数量明显不足，护理服务队伍中大多是只经过社会机构短期培训的人员，欠缺护理专业技能，不能适应康复、老年病护理等服务需求。在沈高校开设老年医学等课程和专业的不多，培养老年医学等本科人才的学校更少，医养专业人才供给成为沈阳市医养深度融合发展的短板。

四、对策建议

借鉴外地经验，结合沈阳市实际，提出以下4方面建议：

（一）加强规划统筹发展

进入新时期、按照新要求、适应新期待，沈阳市应尽快制定促进医养结合的专项规划，明晰发展思路、确立发展目标、重点领域、保障措施，引导发展预期；统筹发展、科学布局、优化资源配置，以及确定医养结合服务机构的管理部门、准入标准和服务规范等。同时结合沈阳市城市总体规划和卫计、民政、人社等部门行业发展规划修编，要做好医养结合专项规划与总规和卫计、养老、教育等社会事业相关发展规划的衔接，形成有机联系的整体，引领医养结合健康深入发展。

（二）建立机制协同推进

完善市推进养老服务工作领导小组运行机制，在目前领导小组办公室由沈阳市民政局和沈阳市卫计委共同承担的体制框架基础上，建立联席会议制度，制定例会和专题会议制度，依据会议主题，分别由相关主管副市长担任召集人。建立起常态化的领导小组办公室日常工作协同联动机制，形成卫计、民政、人社等各部门分工明确、各尽其责、协同配合、共同参与的工作局面。

（三）创新思路深度融合

按照可及性、有效性、可靠性、持续性的发展理念，创新医养结合服务方式和服务内容，探索构建大康复、广覆盖、多层次地从居家、社区到专业机构等比较健全的医养结合服务体系。一是创新服务内容，深化居家医养深度融合。以区域医疗卫生机构为支撑，优化老年家庭医生签约"服务包"，推行医养结合"服务团队"签约服务，设立家庭病床、开展上门巡诊、健康管理与维护和紧急医疗援助等服务。二是创新服务载体，深化社区医养深度融合。总结沈河新北社区创办"老年医疗养护中心"的经验，在具备条件的社区探索推广护养型社区卫生服务机构。三是创新服务方式，深化机构医养深度融合。利用沈阳市基层医疗卫生机构数量多、分布广的服务网络资源优势，以中西医结合大东医院为示范，因院制宜，从"功能转型"入手，探索"医养融合床位"（兼具医保和民政相关政策的床位，实现"病时医疗，康时养老"）

等多种形式的转型发展。四是创新发展思路，发展医养结合新兴业态。以市场需求为导向，明晰市场定位，引导社会资本开发医养融合概念的养老地产，创办医养一体化的老年公寓等新兴业态，丰富医养结合产品供给。五是创新培养模式，建设多层次医养结合人才队伍。建立学校与社会培训机构相衔接的人才培养体系，支持高等院校和中等职业学校增设老年医学、康复、护理、营养、心理等专业课程，建立校院定向人才培养合作机制；加强以全科医生、护士、养老护理员为重点的人员队伍建设，针对现阶段养护人才匮乏的情况，可以通过市场专业化的培训机构及家政培训机构开展护理人员专业技能培训，提升医养结合服务的专业化水平。六是创新保障制度，构建多元化长期护照保障体系。抓住国家人社部扩大长期护理保险试点单位范围的契机，争取入围试点城市，积极探索开发长期商业护理保险等多种老年护理保险产品。

（四）配套政策优化环境

完善与国家有关政策配套的操作层面的政策措施体系，跟进医养结合模式创新，聚焦制度瓶颈，及时出台政策措施、标准规范和管理制度。当务之急是抓紧制定有关加强医养结合服务人才队伍建设、鼓励社会资本参与医养服务领域发展、扶持和发展护理型与护养型服务机构、医养结合机构及为居家老年人提供医疗卫生和养老服务的标准规范以及监管办法等方面的相关配套制度与实施细则，为医养深度融合发展创造良好的政策环境。

第三节　沈阳市政府研究室关于探索建立长期护理保险制度的调研报告

（2019年11月）

长期护理保险制度是一项与养老保险、医疗保险并列的新型社会保险制度，其核心是为失能人员提供基本生活照料和医疗护理服务所需要资金。沈阳市人口老龄化和少子化现象十分突出，家庭规模逐年变小，失能人群家庭负担较重，因此，探索建立长期护理保险制度是一项实实在在的惠民工程。

一、建立长期护理保险制度的必要性

（一）建立长期护理保险制度是国家要求

2016年6月，人社部发布《关于开展长期护理保险制度试点的指导意见》，并开始在青岛、南通、广州等15个城市进行试点，3年来取得良好的社会效果。济南、郑州、无锡等城市纷纷自行试点，目前试点城市已经达到50多个，并且还有扩大的趋势。2019年3月，李克强总理在政府工作报告中提出要"扩大长期护理保险制度试点，让老年人拥有幸福的晚年，后来人就有可期的未来"。2016年4月，国务院办公厅发布《关于推进养老服务发展的意见》，提出要建立健全长期照护服务体系，推动形成符合国情的长期护理保险制度框架，为长期护理保险制度的定位指明了方向。2016年6月，国务院出台《关于实施健康中国行动的意见》，特别提出实施老年健康促进行动，"健全老年健康服务体系，完善居家和社区养老政策，推进医养结合，探索长期护理保险制度"。这一系列政策举措说明，建立长期护理保险制度势在必行。

（二）建立长期护理保险制度是百姓需要

1. 人口老龄化形势严峻。截至2018年底，沈阳市60岁以上老年人口为187.4万人，占户籍人口总量的25.12%，超出国家平均水平7%，在全国15个副省级城市中居第2位。2007年以来，全国老年人口每年增长4%左右，沈阳市老年人口每年增长6%左右，预计到2027年，沈阳市老年人口总数将增至300万左右。人口老龄化的同时还伴随着老年人口高龄化，2018年沈阳市的老年人口情况是60岁及以上户籍老年人口为187.4万人，占户籍总人口的

25.12%。70岁以上老年人口为68.6万，占总人口的9.9%，占老年人口的36.6%；80岁以上老年人24.4万，占总人口3.27%，占老年人口的13.03%；90岁以上老年人2.59万，占总人口0.35%，占老年人口的1.38%；百岁老年人364人占总人口的0.005%，占老年人口的0.02%。截至2018年6月份，沈阳市高龄老年人占老年人口比例达13.1%。预计2027年，沈阳市人口高龄化将进入高峰期，比全国预期的2035年提前8年。

2.老年人口护理需求较大。随着年龄的增长，老年人的各项生理机能逐渐退化，自理能力不断下降，罹患心脑血管疾病、糖尿病及精神类疾病的概率越来越大。按照商业保险机构测算，2018年沈阳市60岁以上失能人口约3.86万，2022年将达到5.77万。人口老龄化和高龄化程度的持续加深使失能、部分失能老年人规模不断扩大，目前入住养老机构的失能老年人达8800人（中度失能3800人、重度失能5000人），老年人口的护理需求不断攀升，实施长期护理保险制度刻不容缓。

3.传统养老模式遭遇挑战。沈阳市家庭规模趋于小型化，属"421""8421"的家庭结构，截至2018年底，沈阳市户均人口为2.67人，比2010年的2.85人减少了0.18人。不断趋于小型化的家庭结构给处于中间一代的家庭成员带来极大的压力，他们不仅要赡养父母、抚养子女，还要承担工作压力，一旦家中有老年人出现失能情况，子女既没有时间和精力对老年人进行长期照料，也难以承担长期高昂的护理费用，这意味传统的家庭养老模式不再适用。

4.家庭养老经济负担较重。沈阳市从1989年开始进入老龄化社会，比全国提前10年。沈阳市老年人口中产业工人比重较高，收入水平较低，全市人均退休养老金2479元，从经济发展水平看，具有明显的"未富先老"特征。调查显示，沈阳市老年人对养老机构消费能力较低，仅有1.5%的调查对象表示每月能够承受3000元以上的收费标准，而沈阳市养老机构重度失能人员收费标准在

4000~10000元，一旦失能，难以负担高昂的养老护理费用。

（三）建立长期护理保险制度有诸多益处

1. 解决"社会性住院"问题。 我国现行的社会基本医疗保险制度主要是为被保险人的住院就诊、门诊大病治疗的费用提供保障，被保险人的家庭、社区、养老机构等的医疗护理费用则不能得到补偿。为了减轻经济负担，获得更好医疗条件，有长期护理服务需求的老年人往往选择入住医院来代替家庭护理和入住养老机构，这不仅使基本医疗保险支出急剧上涨，还导致有限的医疗资源被长期占用，得不到合理分配。为了减轻基本医疗保险的支付压力，减少"社会性住院"现象以使有限的医疗资源得到合理配置，迫切需要建立独立的长期护理保险制度。

2. 撬动社会资金带动照料护理及相关产业发展。 沈阳市养老消费市场巨大，根据测算，60岁以上失能人口每年护理费用高达3.76亿元，如实施长期护理保险，将有利于社会资本投资建设护理院、养老院及相关产业，同时也会盘活现有资源。目前，沈阳市养老机构床位利用率仅为60%，难以达到盈利临界点（床位利用率80%），养老机构发展缓慢。另外，沈阳市三级、特别是三甲医院较多，对二级以下医院的挤出作用明显，加之受到就医观念影响，二级以下医院生存空间较小，床位利用率低。由于现行医保制度的限制，二级以下医院实现转型发展，推行医养结合护理服务受到制约。

3. 促进就业和再就业。 医养机构是长期护理保险的服务供给主体，医养机构需要专业的护理人员。2018年我市失能老年人约3.86万人，若按照国际上失能老年人与护理员3∶1的配置标准推算，沈阳市至少需要1.29万名护理员，这些护理员需要专门的业务培训，这将催生一批专业的培训机构，因此对相关专业大学生就业和"4050"困难人群的再就业具有极大的促进作用。

二、建立长期护理保险制度的可行性

（一）较好的硬件条件

沈阳市有基层医疗卫生机构4933个（床位4687张）。其中，基层社区卫生服务机构138个（床位1413张），乡镇卫生院117个（床位3220张）。共有养老机构233家（公办49家，民办184家），区域性居家养老服务中心92家，社区养老服务站450家，设有社会化养老床位4.85万张，其中养老机构床位4.1万张。

（二）较好的实践基础

2016年6月，沈阳市被确定为全国第一批医养结合试点城市。经过3年多的试点实践，在全国率先形成了优质高效的医养结合工作机制和监管机制，打造出可借鉴、可推广的"医养结合沈阳样本"：一是成立了全国省市级唯一的医养结合处，出台了十几个医养结合试点的政策、标准、规范，形成了政策体系，建立了沈阳市医养结合行政管理体系。二是以沈阳市老年病医院（沈阳市红十字会医院）为龙头，建立起医养结合质量管理控制中心，形成医养结合质量管理体系。建设了29个医养结合服务机构，批准设置了2000多张医养结合床位，为失能、部分失能失智老年人提供专业医疗、护理、康复、安宁疗护服务。三是开通了197个老年人就医服务绿色通道医疗机构，72个二级以上医养结合相关医院开设老年病科或老年病门诊，占比100%。基层医疗卫生机构家庭医生签约为居家的高龄、重病、失能失智老年人提供家庭出诊、家庭护理等服务。四是沈阳市医疗机构积极主动与养老机构进行对接和签约，为入住老年人提供医疗卫生服务，覆盖率100%。

（三）兜底服务

一是为特困老年人提供兜底保障服务。沈阳市在37家农村中心敬老院收养有集中供养意愿的特困老年人2433人，连续3年全额资助分散供养的特困老年人并办理意外伤害保险。二是为失能、部分失能老年人提供资金帮扶。从失能、部分失能老年人需要养老、医疗双重照料的实际情况出发，为经济困难的失能、部分失能老年人每人每月发放80元护理补贴。三是为农村老年人提供均等化试点服务。在法库县、康平县各选定5个村开展农村居家养老服务试点，对农村老年人实际情况、服务需求进行摸底，并建立农村空巢老年人定期巡访制度，尝试为农村老年人提供均等化服务。截至目前，已有2800余名老年人受益。

（四）全国领先的人才培养模式

沈阳市在全国率先开展由政府举办的老年照护师培训班。15家医养结合试点机构的99名照护师通过老年照护师培训考核，获得《老年照护师》资格证书，沈阳市首批专业老年照护师持证上岗。沈阳市卫健委成功举办安宁疗护专业培训班，共培训管理、医疗、护理人员235人，为下一步安宁疗护工作的开展储备了专业人才。

三、试点城市的经验做法

长期护理保险与医疗保险制度不同，虽然按国际惯例和从医保统一集中管理，但其筹资、待遇、服务、管理等均有不同，是一个全新的制度探索。从试点之初，护理保险制度就作为一项独立险种单独设计、单独筹资、单独建账，拓宽筹资渠道和保障项目。

（一）各地长护险制度重点解决的几个关键性问题

1.参保范围。根据《关于开展长期护理保险制度试点的指导意见》，试点阶段的长期护理保险制度原则上主要覆盖职工基本医疗保险。在试点中，上饶、承德、安庆等城市，只覆盖城镇职工基本医疗保险参保人；成都、青岛、南通、徐州、苏州等地，将所有城乡居民基本医疗保险参保人纳入进来，上海市还增加了年龄划分标准，将长期护理保险的参保范围界定为60岁以上的职工医保退休人员或居民医保参保人。

2.资金筹集。长期护理保险制度设计的重要一环在于资金筹集，试点地区或单一筹资，或多元筹资。单一筹资渠道是从医保基金按一定比例进行划拨，如青岛和上海，个人和单位暂不缴费；多元筹资渠道是指资金来自医保、财政、单位、个人、福彩公益金和社会捐助中的几种，如南通、苏州、上饶等地建立了政府补助、医保统筹基金以及个人缴费相结合的多渠道筹资机制。

3.筹资标准。主要有按比例筹资和定额筹资两种，成都属于按比例筹资，划分40岁以下、40岁至退休、退休以后3个年龄阶段，每个阶段按照不同的比例缴费，个人缴纳部分的比例分别是0.1%、0.2%和0.3%，类似的还有承德、荆门等地；定额筹资的代表是南通市，筹资标准为每人每年100元，其中个人缴纳30元，医保基金筹集每人30元，财政补助每人40元。

4.保障对象。长期护理保险的重点保障对象是长期重度失能人员，但从保障范围来看，各地各有侧重。承德、成都等地以失能程度为标准，将重度失能人员纳入保障范围；南通将重、中度失能人员均列为长护险保障对象；上海则以年龄和失能等级为依据，规定60岁以上且失能评估结果为二至六级且在评估有效期的老年人为保障对象；而青岛、上饶分别将重度失智老年人和因失智造成失能的人员纳入长期护理险保障范围。

5.支付标准。在长期护理保险支付标准上，各地也各有千秋。有定额包干支付，如上饶和南通；也有按比例支付，如上海。南通定额支付标准：医疗机构重度70元/日，中度30元/日；养老机构重度50元/日，中度30元/日；居家补贴重度15元/日，中度8元/日。上海市在机构的轻度20元/日，中度25元/日，重度30元/日，支付比例85%；居家轻度3小时/周，重度5小时/周，重度7小时/周，执业护士80元/时，护理员65元/时（医疗照护），支付比例90%。

6.经办服务。在经办服务中，保险公司参与程度和合作方式各个相同，有的采取全流程委托方式，有的采取部分流程委托方式。

（二）调研城市的特色

为深入了解试点城市的做法特色，沈阳市政府研究室分别到广州、南通两市进行了实地考察。

1.广州。①待遇支付精准充分，失能人员获得感强。一方面将保障对象精准锁定为重度失能人员和中度失能且伴有中重度痴呆人员，不受年龄限制，人均待遇水平高于其他试点城市；另一方面制定基本生活照料服务项目包和医疗护理服务项目包，将有限的资金用在最需要的群体身上，切实减轻失能人员家庭经济和照护负担。②合规引导家庭照护，服务专业不失亲情。引导家庭非正式照护者（亲属、保姆等）经过正规培训并通过考核认证后，与长护定点机构形成劳动或劳务关系。长护定点机构通过制定照护计划、培训、考核等对家庭非正式照护者服务实施监管。既保证了服务的专业性和风险的可控，又与传统的孝道文化有机结合，充分满足了失能人员的心理慰藉与亲情需要。③委托经办购买服务，责权明确边界清晰。通过公开招标采购向商业保险公司购买待遇经办和长护评估服务，社会保险基金仍由医保经办机构管理。该模式下，政府负责制定工作标准及管理规范并实施监管，确保资金给付及安全；各商保公司按采购合同约定提供人员和履行义务，不需承担理赔风险。这种合作共赢的模式有利于提高保险基金使用效能，更有利于制度的长远发展。④不断完善协议管理，服务供给有效提升。以机构协议管理为抓手，明确各部门职责分工，完善协议管理办法，细化监管要求。指导商保公司向全市11个医保二级经办机构和97家长护定点机构派驻168名商保专员开展驻点、巡点及培训工作。建立了长期护理保险日常服务质量评价指标体系，定期对长护定点机构和商保公司进行考核，结果与清算直接挂钩，有效提升商保公司和长护定点机构服务管理水平。

2.南通。①多元化的筹资渠道。南通市长期照护保险基金来源于医保统筹基金、政府财政补助和个人缴费，同时接受企业、单位、慈善机构等社会团体和个人的捐助。在筹资标准上，南通市选用按定额筹资的方式。初期筹集标准为每人每年100元，其中，个人缴纳30元，医保统筹基金筹集30元，政府财政补助40元。参加居民医疗保险的未成年人、在校学生以及城镇最低生活保障家庭、特困职工家庭、特困人员、重点优抚对象、完全或大部分丧失劳动能力的重残人员（1~2级）等由政府全额补助，个人不缴纳。②实行支付待遇标准化，长期照护费用定额结算。南通市在机构护理中试行按床日定额支付，居家护理以小额现金补贴的方式进行支付。重度失能人员支付标准为护理院每人每天50元，养老机构每人每天40元，居家养老每人每天15元。在制度实施初期，定额结算的方式容易实施和推广，且稽核工作量小，计算机结算系统开发简单，风险便于控制，有利于引导市场和确保长期照护保险基金的稳步可持续发展。③失能等级鉴定规范。南通市在失能人员等级鉴定标准上主要参照Barthel量表，将失能人员分为重度（40分以下）和中度（40~50分）两类。等级鉴定的费用全由基金支出，个人无须承担任何费用。失能等级评价主体是依托于劳动能力鉴定中心进行评估，采用预先筛选模式一是个人诚信机制。二是社区评定机制。三是两年左右的病例认定。通过社区把关的模式，使重度、中度失能人员的鉴定通过率达85%，其中重度失能人员通过率达95%。④由第三方经办，实施契约合作方式。南通市长期照护保险委托第三方经办，实行"运行风险共担、保险事务共办、管理费率固定、年度考核退出"的模式，委托具有资质的4家中标商业保险公司具体承办，根据得分按4.5：3：1.5：1确定中标单位的权利与责任份额。第三方经办服务工作经费按基金收入的1%~3%计提，每年分两次拨付，工作成本按实际分摊。4家商业保险公司成立了一个19人的长期照护保险服务中心，具体负责长期照护保险的受理评定、费用审核、结算支付、稽核调查、信息系统建设和维护等工作，社保负责监督检查工作。政府与第三方机构签订合作协议，明确双方权利和义务，使经办管理社会化，这样有利于提高基金的使用效益和工作效能，充分发挥市场作用。⑤"重度失能"人员为优先保障对象，逐步加入"中度失能"人员。2016年数据显示，实际享受待遇的重度失能人员60岁以下约占10%，60~80岁约占30%，80岁以上约占60%，年死亡率6%~7%。以重度失能人员为首批保障对象一方面考虑到从最需要帮助的人群着手，另一方面，受众群体由单一向多元过度也有利于政策的铺开实施。综合2016年长期照护保险运行情况，南通市2017年将中度失能人员也纳入保障群体，覆盖面逐步扩大，基金的利用率由2016年的10%上升到30%，使更多失能人员受益。

四、建立长期护理保险制度的对策建议

长期护理保险制度是应对人口老龄化最重要的制度准备之一，既是战略部署，也是政府调控相关领域资源、促进供给侧改革、维护社会公平和保障人民群众公共利益的重要手段。全面推行长期护理保险制度只是时间问题，沈阳市应争取早试点、早推行。

①建议由市医保局牵头，市财政局、市卫健委、市民政局配合制定沈阳市申请开展长期护理保险制度试点的工作方案，积极申报国家试点。

②积极探索制定长期护理保险基本框架，包括长期护理保险保障范围、参保缴费、待遇支付等政策体系；护理需求认定、护理等级评定标准体系和管理办法；护理服务机构和服务人员质量评价和费用结算等办法；管理服务规范和运行机制。

③明确筹资方式。建议借鉴南通市经验，由医保统筹基金、政府财政补助和个人缴费，同时接受企业、单位、慈善机构等社会团体和个人的捐助。建议由市医保局牵头，市财政局配合，进行分析测算。

第九章　文件与视频

（扫描二维码免费获取）

第一节　沈阳市医养结合相关文件

1. 2016年11月28日《中共沈阳市委办公厅、沈阳市人民政府办公厅关于加快推进医疗卫生与养老服务结合发展的实施意见》（沈委办发〔2016〕42号）

2. 2017年5月8日《沈阳市卫生计生委关于成立医养结合工作领导小组的通知》（沈卫计办发〔2017〕45号）

3. 2017年5月23日《沈阳市人民政府办公厅关于印发沈阳市推进医疗卫生与养老服务结合发展试点工作实施方案的通知》（沈政办发〔2017〕22号）

4. 2017年11月13日《关于印发沈阳市医养结合床位认定流程（试行）的通知》（沈卫计联发〔2017〕61号）

5. 2017年12月11日《关于印发沈阳市医养结合人才培养实施方案的通知》（沈卫计联发〔2017〕68号）

6. 2018年3月1日《关于印发沈阳市医养结合床位（病房）评估标准（试行）的通知》（沈卫计发〔2018〕61号）

7. 2018年4月23日《关于成立中国沈阳医养结合联盟的通知》（沈卫计发〔2018〕86号）

8. 2018年5月8日《沈阳市卫生计生委、民政局关于全市养老机构与医疗机构签订医疗服务工作的通知》（沈卫计联发〔2018〕19号）

9. 2018年5月16日《关于成立沈阳市医养结合管理控制中心的通知》（沈卫计办发〔2018〕93号）

10. 2018年5月25日《关于在全市二级以上综合医院（中医医院）及医养结合试点医院开设老年病科及老年病门诊的通知》（沈卫计发〔2018〕112号）

11. 2018年7月26日《沈阳市卫计委关于印发沈阳市积极支持养老机构开展医疗服务实施细则（试行）的通知》（沈卫计办发〔2018〕145号）

12. 2018年9月25日《关于建立优质高效的医养结合服务体系的指导意见》（沈卫计发〔2018〕159号）

13. 2018年9月30日《关于进一步做好首批安宁疗护试点工作的通知》（沈卫计办发〔2018〕202号）

14. 2019年3月13日《关于成立中国沈阳医养结合联盟信息中心的通知》（沈卫办发〔2019〕77号）

15. 2019年6月18日《关于成立中国沈阳医养结合法律事务服务中心的通知》（沈卫办发〔2019〕191号）

16. 2019年8月2日《关于成立沈阳市医养结合专家组的通知》（沈卫办发〔2019〕227号）

17. 2019年9月26日《关于印发沈阳地区国家级安宁疗护试点机构设置标准（试行）》的通知》（沈卫办发〔2019〕270号）

18. 2019年11月8日《关于确定2019年沈阳市医养结合试点机构的通知》（沈卫办发〔2019〕299号）

19. 2019年12月11日《市民政局、市卫生健康委关于进一步明确医养结合机构享受相关养老补贴政策的通知》（沈民〔2019〕106号）

20. 2020年3月18日《沈阳市卫生健康委员会、民政局、市场监督管理局、医疗保障局、市委编办关于加强医养结合机构审批

登记备案工作的通知》(沈卫联发〔2020〕8号)

21. 2020年4月01日《关于印发沈阳医养结合床位设置标准的通知》(沈卫办发〔2020〕55号)

第二节　沈阳市医养结合相关视频

1. 2017年11月27日沈阳市红十字会医院与法国医院联合成立中法老年病中心

2. 2018年5月12日沈阳市首推医养结合床位

3. 2018年6月2日国家级"医养结合示范基地"落户沈阳

4. 2018年6月3日病床养床"零距离"开启城市养老新模式

5. 2018年10月27日沈阳市完善老龄产业链条推动医养结合

6. 2018年10月27日医养结合托起老年人幸福晚年

7. 2018年11月3日中国沈阳医养结合联盟参加老年产业展会

8. 2019年1月16日沈阳市医养结合按辖区成体系全覆盖

9. 2019年1月21日沈阳新闻：互联网+医养康

10. 2019年4月21日沈阳首批专业老年照护师持证上岗

11. 2019年6月10日老年健康宣传周启动仪式

12. 2019年8月14日沈阳电视台：推进国家级安宁疗护试点

13. 2019年8月31日沈阳地区安宁疗护培训班

14. 2019年10月30日沈阳医养结合"院中院"

15. 2019年10月31日沈阳医养结合床位

16. 2019年12月23日沈阳市政府医养结合新闻发布会

后 记

随着人口老龄化的发展进程加快，医养结合已经成为社会广泛关注的热点。特别是2019年，国家密集出台了关于深入推进医养结合发展的若干文件，全社会掀起了新一轮热潮。越来越多的机构团体和专家学者研究医养结合、推进医养结合，越来越多的老年人和家庭得益于医养结合。

沈阳市紧紧抓住第一批国家级医养结合试点城市的契机，通过建机制、搭平台、育人才，建设医养结合联盟，发挥联盟成员作用，构建医养结合体系，实现按辖区、成体系、全覆盖，为人民群众提供医养结合有效供给，探索出可复制、可推广的"医养结合沈阳样本"。真挚地希望"医养结合沈阳样本"能为全国深入推进医养结合提供可参考借鉴的经验，这也是编写本书的初心。

本书立足"让老年人舒适、安详、有尊严地度过老年"的目标，力求全面性、科学性、创新性和应用性有机统一，在体例上，体现"新"和"实"的特点，坚持创新发展的原则，用理论、实践、调研三部分解读医养结合理论，展示医养结合实践，记录沈阳市开展医养结合的历程；在内容上，既注重基本概念、基本理论的阐述，同时力求理论与实际相结合，便于开展教学和指导实践。

本书在编写过程中参考了大量的文献资料，吸纳了很多同仁的研究成果，未一一列出，在此表示由衷的感谢！本书的不足之处，请专家、同行以及广大读者不吝赐教，以利不断改进。

2020 年 10 月 30 日